JN321076

日本はなぜ外交で負けるのか

日米中露韓の国境と海境

山本七平

さくら舎

はじめに──無計画性とカンバン方式

イタリアのある財団に招かれて二週間ほど滞在した。日本と日本文化に関する講演・取材・シンポジウムなどを行う予定であったが、その間にさまざまな文化摩擦《まさつ》を引き起こした。後になって考えればこの「摩擦」が最大の収穫であったが、その時点では少々うんざりした。まずスケジュールに関する考え方がまったく違うことである。たとえば日本でシンポジウムなどを行う場合、通常各人の発言が一〇分、それが一巡したところで補足的発言が五分、次にフロアからの質問が各人五分、それへの応答が一〇分などとスケジュールが定められ、だいたいその通りに進行して、六時開催で九時に終わりとあらかじめ決めておくと、ほぼその通りに終わる。

もちろん、開催時間が多少遅れたり、各人の発言が長くなったりすることはあっても、そこには各人に「誤差はあっても程度の問題」という暗黙の合意があって、三時間が六時間、七時間になるなどといったことはない。

ところがイタリアでは、ひとたび開催すると、このスケジュールがまったく無視されてしまう。いちばんイライラしたのは最後のローマでのシンポジウムで、何しろこちらは翌日早朝、飛行機でローマをたつのだから、無限に延びていく各人の発言が気が気でない。

終了予定の九時が来てもまだ壇上の発言者の発言は終わっていない。司会者が立ちあがったのでこれで打ち切りかと思うとそうでなく、一時間半ほど休憩してその間に食事をし、一〇時半からまたはじめるという。それを、誰も不思議そうな顔をしていない。

多少頭に来た私は、シンポジウムの一員に言った。こういう無計画性に日本人は耐えられぬ。日本のシンポジウムは、発言一〇分、追加発言五分、フロアからの質問各人五分、応答一〇分という形で進み、多少の誤差はあっても予定の九時に終わる。これではスケジュールを立てる意味がないではないか、と。

この言葉に対して相手は不思議そうな顔をして私に言った。スケジュールを守ることが絶対なら、人間は自由な思考も自由な発言もできなくなってしまうではないか。われわれはこのシンポジウムにおいて、討論を通して何か新しい発想を得ようとしており、得られれば成果があったと考える。

人間の思考を、時間が来たから打ち切り、同じようにその思考に基づく発言を時間が来たら中断する、というようなことをしていては、思考と討論に基づく成果は得られまい。われわれは何も、スケジュールを守るために、シンポジウムをしているのではない、と。

そう言われるとそんな気持ちになる。確かに、このような大きな「言葉の無駄」をやっているうちに、その中から、将来に対処する方法を発見する「キーワード」が見つかることもあるかもしれぬ。そして人間にとって新しい思想の形成とは、そのような言葉の発見が端緒《たんしょ》になるのかもしれぬ。

これはことによったら、われわれに欠けている点で、そのためなかなか独創的な新しい発想が生まれにくいのかもしれないな、などと思った。

しかし、「天は二物を与えず」とはよく言ったものだ。組織的な工業生産はすべてスケジュールの厳守を前提とする。トヨタ自動車の「カンバン方式」はその最たるもので、その一ヵ所でもスケジュールを狂わせたら、全ラインが動かなくなってしまう。

イタリアに進出した日本企業の中にはすでに撤退したところがあり、目下撤退考慮中のところもあると聞くが、これは彼らにスケジュールを絶対視する発想がないのが一因かもしれぬと思った。

「議論と実行」、この二つは原則が違い、まったく逆にしないと成果があがらないことは、『菜根譚《さいこんたん》』（注：明《みん》の洪自誠《こうじせい》によって書かれた警句風の語録）にも次のように記されている。

「事《こと》を議する者は、身は事の外に在《あ》りて、宜《よろ》しく利害の情を悉《つく》すべし」

確かに議論においては自己とは無関係の位置に対象を置き、それ自体の得失を究明し切るまで究明しなければならない。時間が来たから打ち切るでは何の結論も出ず、何の成果もあがらないであろう。

一方、「事に任ずる者は、身は事の中に居《お》りて、まさに利害の慮《おもんぱかり》を忘るべし」。事を行う原則は、「身は事の中に居り」で当事者だから、自分の利害と恣意《しい》が出てきては事は整々と運ばない。そこではあくまでも定められたスケジュール通りに事を運んで行かなければ成果は出ないであろう。

言われてみればその通りなのだが、どうもわれわれはシンポジウムも工業生産のようにやれば成果があがると思っているように、彼らは、工業生産もまた彼らの方式のシンポジウムのようにやれば成果があがると思っているのではないかと思った。

もちろんこれは、短期間滞在者の誤れる印象批評かもしれぬが、彼らは彼らとして、私は彼らのやり方から前記の『菜根譚』の言葉を改めて見直す機会を得たのはプラスだった。

文化摩擦のプラスは案外、こういった点にあるのかもしれない。

山本七平《やまもとしちへい》

◆目次

第二章　日韓双方の錯覚と妄想

日韓問題はここから

『看羊録』の日本

日本はなぜ外交で負けるのか

——日米中露韓の国境と海境

第一章　国境と海境を忘れている

世界がアメリカとソ連、二つの大国の冷戦構造の中にあったころ、経済大国として頭角を現していた戦後日本。外交では、アメリカとは沖縄、ソ連とは北方領土の問題をかかえていた。その一方で、尖閣、竹島をめぐる火種も、すでに見え隠れしていた。

海面に引かれる「国境」

あらゆる「問題」はこのように起こる

本稿を記している今の時点（注：一九七七年）では、日ソ漁業交渉はまだ妥結していない（注：日ソ漁業協力協定が締結されたのは一九八五年）。昨日はソビエト側の〝高度の政治的判断〟に基づく〝譲歩〟が得られ、今日の妥結は既定の事実のように報じられていただけに、この「一夜の逆転」には、マスコミの報道の仕方にまで、今まで以上のいらだちが感じられる。

しかしいずれは、何らかの形の妥結となるのであろう。その瞬間に、今までのいらだちを裏返した一種の安堵《あんど》感《かん》・解放感から、人びとは急速にこの問題を忘れ――というより半ば意識的に脳裏より消し――、マスコミは別の話題を追うであろう。

人間は、何らかの緊張感を強《し》いられる「いやなこと」は、なるべく早く忘れたいのが普通だからである。そして、今回の日ソ漁業交渉の持つ問題点を本当に考えるには、マスコミがこれを忘れ去って「静かになった」が、「人びとの記憶にはまだその事実がなまなましく残っている」時が、最良の時かもしれない。

本稿が活字になるのが、ちょうど「その時」かどうかは明らかでないが、今回の交渉の過程で感じたことを、少し記しておきたいと思う。

まず問題は、㈠領土問題、㈡水産資源とその配分の問題、㈢資源を遮断《しゃだん》されたときに生ずる一地域の経済問題、㈣それが日本経済の全般に及ぼす影響、および、㈤この種の諸問題に関する予測、の五つに分けられると思う。

そしてこの五つは、報道の面でも、国民感情の面でも、錯綜《さくそう》し混合し、微妙にからみあっているので、截然《せつぜん》と分けてそれぞれを考えることがむずかしくなっているが——元来、あらゆる「問題」はそのような形で起こるもので、その時点におけるその問題の解決は「歴史家のあと知恵」のようなわけにいかないのが普通である。

だが、この点でまず必要なことは、これらの問題が出てくる歴史的趨勢《すうせい》への見通しであろう。個々の現象面にあまりのめりこむと、気がついたときには、日本がその時点の〝世界的常識〟から孤立していたという事態を招きかねない。

これは、満州事変のときの世界的孤立にも、現在の海洋問題における孤立（領海三カイリの固守）にも見られると思う。そして、すべてを「外圧」とそれへの抵抗という形で受け取ると、常に同じ結果を招来するのではないかと思う。

尖閣も竹島も「線引き」の対象

では、海洋問題は世界的にどう変貌していくであろうか。

日本に関連した面から見ていくと、漁業資源のみならず石油資源とも相まって、いずれは尖閣《せんかく》列島も竹島も問題になるであろうし、また日本が海外の海底資源の開発輸入に乗りだしたときに、何らかの領土問題にまきこまれることもあるであろうし、さらに将来は、かつてのアフリカ分割のような形で、あらゆる海面が列強に分割されて、日本は締め出されるという事態になり、「北方問題」とはその前兆にすぎなかったということになるかもしれない。

もちろん、これは資源の面で、海上交通の自由はまだしばらく存続するであろうが、これとても、ある国の船舶の航行は許可せず、その海域に入れば拿捕《だほ》するという事態になるかもしれない。

簡単に言えば、一種の「国境」が海面に引かれる状態――いわば「線引き」の世界化であり、そしてわれわれがそれにどう対処するかという問題であって、日ソ漁業交渉はその予習であろう。

というのは、言うまでもないが、陸上の国境ですら、いまのように厳格に「線引き」が実施されたのは、そう古いことではなく、実質的には所属不明の地、国家権力すなわち行政権が未浸透の地域は二〇世紀になってもなお、地球上の多くの地域に残っていた。

そしてそれらの地に急激に「線引き」が進行した経過を見ると、結局その発端は、資源の上に国家権力が利権を設定したという形になっている。そして現在進行していることは、その行き方が海面まで広がったということにすぎない。

おそらく近い将来に、あらゆる海面に線引きが進み、そこの資源を取得しようとする者は、利権の取得者に一定の利権料を支払えということになるであろう。

これは石油が出れば、それまでは遊牧民にとっては海面同様であった砂漠に線引きが行われ、膨大な利権料がその設定者である王様のふところに入るのと同じ状態であり、まず漁業においては、入漁料の徴収か、それに代わるべき何らかの経済的対価の支払いが常識になると思う。

その際起こることは、領土問題とは「経済的領海」問題、すなわち資源問題と切り離せなくなることで、ここで日本ははじめて、海面における〝国境〟で外国と接することになる、ということである。同時に日本も同様の「経済的領海」を設定すれば、当然にこの国境への侵犯問題と、それへの警備という問題が出てくる。

また、これによって経済の仕組みが変われば、ある地方の急速な発展と別の地方の衰微、時としてはゴーストタウン化が起こるし、同時に国民の生活全般もその状態に適合するよう変化を要請され、その変化に基づいて、日本の経済の全般も変わってくるであろう。それをどう予測し、どう対処するかという問題である。

同時に、以上のような海面に対する利権の設定は、日本にとって、また日本をめぐる国際関係にとって、必ずしもマイナスとは言えない面もある。さらに利権の活用は「資源保護と資源の活用のバランス」を、経済的な面で調節するという効果もあると思われるので、それをどう評価し、どのような合理的修正を国際的に主張するかという問題である。

「外圧」という受け取り方が最大の心理的障害

これらを総合して考えた場合、問題の基本は、世界の諸国家の一員としての日本が、この新しい情勢にどのように適応し、それをいかに自らのために活用できるかという点にあると思う。そして、これを探索するにあたっての最大の心理的障害は「外圧」という受け取り方である。

「ドル切り下げ問題」(注:次の「繊維問題」とともに、一九七〇年ごろアメリカとの間で生じた摩擦《まさつ》)でも「繊維問題」でも、今振り返れば、その対応はすべて失敗であり、当時、国をあげて論じられたことがピントはずれであったことは、その跡を仔細《しさい》に点検すれば誰の目にも明らかなはずである。

そして、この「挙国一致的ピントはずれ」の最大の原因が「外圧」という受け取り方と、それへの反射的感情的反発だったことは言うまでもない。

ここでもう一度、前記の前提を踏まえて、日ソ交渉とそれに応じて起こった〝世論〟の跡を検討することが、おそらく将来への第一歩であろうと思う。

議論と科学は無関係

二〇一四年三月三一日、日本の南極海での調査捕鯨禁止の判決がオランダ・ハーグの国際司法裁判所（ＩＣＪ）で下された。四年にわたった裁判は、日本の完敗に終わった。ＩＣＪに再審制度はなく、日本のクジラ外交は敗北した。

捕鯨問題は反日感情のはけ口

結論から言うなら、捕鯨《ほげい》問題の性格を見ると、そもそものはじまりから、クジラの資源問題でもなければ経済問題でもない、もっと根の深い何かが、クジラに形を借りて噴き出してきていると考えざるを得ないところがあり、私はこれをアメリカの底辺を流れる潜在的「反日感情」だと思っている。

クジラを資源問題として考えれば、日本にとって捕鯨業は貴重な産業であるから、当然資源には強い関心がある。科学的なデータを出し、資源保護と捕獲のバランスをとることには本気で取り組んで当然であり、むしろ主導権を持つべき国は日本だろう。ところが、現状のクジラ問題は、捕鯨に無関係な連中というか外野ばかりが騒ぎたて、本当に利害関係を持つ国が、口をはさめなくなってしまっている。経済問題としては考えればまことにおかしな状況だ。

実は、十数年前、天皇がはじめて訪米した際に、私もフリーのレポーターとして米国に行ったが、当時すでにクジラ問題を掲げて、ヒッピーみたいな連中が天皇に直接面会を求めた事件があった。一方、日系市民協会では、子供たちが学校で「クジラ殺し」のレッテルをはられて差別される問題が深刻になっていた。

そこで全米の新聞記事、論説、漫画に至るまで資料を集めて読んでみたところ、まともな論理はまるでなく、漫画などは、クジラの死体の上に日本刀と日章旗を握った日本人が立っている、というひどいものばかりだった。

わけのわからない底辺のところからクジラに名を借りて、反日感情が出てきていた。クジラ問題はここに原点があり、まことに根が深い。

向こうは絶対に勝てない！

表面的、政策的には日米は友好国だが、こういう大衆の反日感情はおさえこまれてもなくならない。多民族国家・米国の人種問題ともからんで複雑なうえに、その後、日本は経済的に大発展して、米国に企業進出し、有色人種のくせに米国人を雇って命令したりする。これを苦々しく思っている連中は大勢いて、何かのきっかけで反日感情が噴き出してくる。

クルマ問題（注：一九六六年にアメリカとの間で生じた、貿易自由化トラブルの一つ）もクジラ問題もこの反日感情が絡んでいるが、クジラがクルマその他の経済問題と決定的に違うのは、米国の国内経済にまったく利害関係がないことだ。

捕鯨が禁止されても米国は痛くも痒《かゆ》くもない。そのためアメリカ国内に捕鯨禁止に立ち向かう対抗世論が出てきてくれない。そこで日本が発展すればするほどクジラ問題もエスカレートする。世界の情勢を見ても、日本に賛成するのは、わずかにノルウェーかせいぜいアイスランドぐらいでソ連は知らん顔だ。

歯止めがないから潜在的反日感情を自由自在に噴き出せるのがクジラ問題の特徴といえる。イルカが一種のペットになっていて、クジラもイルカの一種だとなると、「あんなにかわいいものを殺すのか」の感情論になる。

だから真正面から資源問題、経済問題で正規に議論すれば向こうは絶対に勝てない。日本の主張は何も野放図にとろうというのではない。とらないと資源が増えすぎて困る鯨種もあると、データもそろえて議論すれば必ず勝つ。

向こうでもそれはわかっていて、私が公開討論を申し込んでドタン場で逃げられたこともあった（注：前記のレポーターとしての訪米時に、野生動物保護協会《ナショナル・オーデュボン・ソサエティ》の会長とも討論の約束をしていたが、当日になってキャンセルされた)。つまりこの種の大衆世論には議論が通用しない。といってクジラで譲歩すれば、何か別の巧妙なはけ口を見つけて噴き出してくると考えられる。

それならむしろ国益を考えて、問題をここで引き受け、クジラ問題を長びかすだけ長びかせて、商業捕鯨が犠牲になるよりほか仕方がないのかと思うこともある。

脱退か哀訴か

結論としては、資源問題でいくら正当な論陣を張っても解決しないのだから、捕鯨以外に生活の途《みち》がない人たちがいると窮状を訴えていくほかない。正当な論理ではなく哀願に近い形だ。

ただこれを言うと、日本のように経済の発展している国で転職の道がないはずがない、などとむちゃくちゃなことを言い出しかねないのも確かだ。

もう一つは最後の手段になるが、あまりにも不合理だから、その理由を明確に言いたてて、ＩＷＣ（国際捕鯨委員会）を脱退してしまうことだと思う。

この場合には、資源保護問題としてのすきのない完璧な議論を組み立て脱退の理由を明示し、脱退しても自分たちが最も正当と考える資源保護体制をつくり、資源を自分たちで守ると宣言してから脱退しなくてはいけないが、これも一つの方法だろう。

　相当な反発を覚悟したうえで、あくまで理性的に脱退するか、あるいは頭を下げて哀訴するか、二者択一の段階に来ている。いずれにしても非常に政治的な判断を下さなければならない問題だと思う。

歴史的に潜在している中国反発感情

明治とともに日本から儒者が消滅した

世界史にはときどき一見不思議とも見える現象がある。明治とともに「儒者《じゅしゃ》」という存在が日本から消えてしまったことも、おそらくその一つに入るであろう。

儒者――もしくは広い意味で「儒学に関係ある者」――徳川時代に、京都町奉行《まちぶぎょう》もその一言の下に土下座した（注：次ページの竹内式部《たけのうちしきぶ》を取り調べた奉行が権威に畏《おそ》れ平伏《ひれふ》した）ほどの権威を持ったこの存在が、完全に日本から姿を消してしまったことは、確かに、世界史の不思議に数えられてよいであろう。儒者は、ユダヤ教のラビ（注：宗教的指導者）と種々の共通点があり、非常に重要な社会的役割を果たしていたので、この消滅は、さまざまな事象を物語っていて、興味深い。

儒者の消滅は、政府の弾圧によるのではない。明治の初めに確かに「廃仏棄釈《はいぶつきしゃく》」は存在した。しかし「廃儒棄孔」は存在しなかった。「廃仏棄釈」は今では忘れられた運動だが、当時の記録を見ると、まるでシナゴーグ（ユダヤ教会堂）襲撃のような情景も決して少なくない。

明治八年（一八七五年）の、福田行誡《ふくだぎょうかい》（注：明治初期の代表的な仏教学僧）による太政官《だじょうかん》への建白書（注：廃仏棄釈を糾弾《きゅうだん》）は、逆に、排仏の猛威を物語っている。僧をやめて帰農する者、失業する仏具師等、それらが社会問題のみならず経済問題にまで発展しかねない状態が指摘されている。

この問題は別の機会にゆずるが、いずれにしても、一宗教がこういう形で壊滅することはない。同時にそれは排儒運動というものが全然なくとも、否、逆に興儒運動というものがあっても、儒者は消えたであろうことを示している。

もちろんそれは、明治政府の欧化政策とも関係はないし、その中国政策とも関係はない。むしろ逆であって、儒者を消滅させた何かが、その中国政策を決定したと考えるべきである。

日本人の中国蔑視《べっし》が明治の欧化政策にはじまるという「俗論」が誤りであることは、平田《ひらた》篤胤《あつたね》（注：江戸時代後期の国学者）の「中国人犬猿論」で明らかだが、これより先にすでに、強い「中国反発感情」が日本に潜在していたことは見逃しえず、竹内式部（注：江戸時代中期の儒者にして神道家。尊皇思想家）に奉行が平伏した時点で、すでに存在していた。

もちろんこれは、中国そのもの、というよりむしろ、正確に言えば、人民服を着て「シーサン・ニーハオ」と言うタイプの日本人への反発だが、当時の日本人は、こういうタイプの同胞を「中国」と見ていたので、結局それが中国への反発と蔑視に転化していった。

昔も今も、結果において中国人に最も迷惑をかけている日本人は、「中国人天孫論者」と「シーサン・ニーハオ型日本人」だということになる。

儒学の「家元」たちの自滅への道

幕閣においてはっきりと儒者ないしは儒学の権威を無視した最初の権力者は、悪名高き田《た》沼意次《ぬまおきつぐ》（注：江戸時代中期、幕政の実権を掌握）であろう。彼が通貨問題で建議を受け、『宝《ほう》貨事略《かじりやく》』（新井白石《あらいはくせき》著）を示されたとき、儒者の議論は役に立たぬと一顧《いっこ》だにしていない。

彼にこういう考え方をさせた理由の一つは、当時の自由主義的風潮に基づく儒者間の甲論《こうろん》乙駁《おつばく》が、逆に儒学の権威を失墜《しっつい》させた点にもあるであろう。何しろ輸入の思想を権威として、それに依拠して自己を権威としようとするから、次々に「権威ある解説」が生まれてくる。するとその「解説書」を権威とする無数の学閥《がくばつ》ならぬ儒閥が出てくる。

当時『師（孔子）ノタマハク』と『師（大先生）ノタマハク』と『師（先生）ノタマハク』と『師（その弟子）ノタマハク』と『師（自分）ノタマハク』と、御隠居《ごいんきょ》に説教をされた」という笑い話までできる状態であった。

そして、この「大先生」はいわば「家元」で、当時の有名な儒学の家元には、幽蘭社《ゆうらんしゃ》、賜《しゃ》杖堂《じょうどう》、瓊浦芙蓉社《けいほふようしゃ》、混沌社《こんとんしゃ》、芙渠社《ふきょしゃ》、市院社《しいんしゃ》等々があり、いわば「百花斉放《ひゃっかせいほう》」だが、その各《おの》各《おの》が自己の正統性を主張して一種の派閥争いに転じ、その末輩は互いに罵詈讒謗《ばりざんぼう》を投げあうという形になった。そしてこれが相互に権威を否定しあう、自滅の道となっていったわけである。

同時にこの影響は、幕閣だけでなく、一般人、町人階級にまで浸透した。当時、衣食住はもとより、礼儀・作法等に至るまで中国式を模倣《もほう》しようとした文化人があり、彼らは「唐人仲間」と呼ばれていた。『世間学者気質《かたぎ》』（無跡散人《むせきさんじん》著）は、もったいぶり、見識家ぶるだけのこの「シーサン・ニーハオ」型唐人仲間の会合を、次のように皮肉たっぷりに記している。

何しろ日常でも「日よりの能《よい》をテンチン（天晴）。月のさゆるをハウヱ（好月）。雨がふればヒヤアイユイ（下雨《かう》）。雷がなればライヒャン（雷響《らいきょう》）」という有様《ありさま》だから、「くだんの唐人仲間の寄合《よりあい》」となると「何やらちんぷんかんぷん。唐人の小歌やら、日本人の寐言《ねごと》やら」。まず会合の挨拶から「唐音《とういん》で遣《や》りかけ、〔主人〕イウロウライヤ（有労来也＝御大儀によう御《お》出《で》なされた）、〔客〕キウイイテキンナタイキヤアワンフウモ（久違得緊那《きゅういえてきんな》大家《たいか》万福麼《まんふくも》＝久しう御ぶさた仕《つかまつっ》た、どなたもおかはり御ざらぬか）、〔主人〕チンゾー、チンゾー（請坐《せいざ》々＝先下《まず》に御ざれ）……もはや、きんにやう〱どらやあ〱から……」（『世間学者気質』巻之一より）。

――明治の初めの「支那チンプンカン」という日本人による蔑称《べっしょう》が、始めは、日本人による「シーサン・ニーハオ型日本人」への蔑称であり、それが徳川時代にはじまっていることは、明らかであろう。したがって、儒者「家元」たちの百花斉放的な相互の罵詈讒謗とこれがいっしょになると、一切の権威を失って、ただただ蔑視の対象にしかならなくなり、最終的には、それが中国だということになってしまう。

松平定信《まつだいらさだのぶ》（注：江戸時代後期に寛政の改革を断行）の「異学の禁」は、弾圧と見るよりも、逆に「儒学の権威回復」のためこの状態に終止符を打とうとする政治的手段であったろう。しかしそれは、成功するはずはなかった。

儒者は「廃儒棄孔」の必要もなく、その前に実質的に消滅し、その権威は、言うまでもなく、中朝事実（注：『中朝事実』は山鹿素行《やまがそこう》が書いた書。天皇家を中心に再構成した過去の日本を「中朝」と呼び、日本こそ本当の中国だと訴えた）的中国、すなわち日本＝天皇へと移り、本当の中国は無視されていく。

儒者の経済論を一切信用しなかった田沼意次の日本列島改造論

だが、この移行の間に、いわば平田篤胤のブルドーザーが動き出す前に一種の「無権威・無思想・経済万能時代」ともいうべき空白期間が存在した。それはほぼ田沼意次の時代だと言える。もちろん、賀茂真淵《かものまぶち》、本居宣長、平賀源内、塙保己一《はなわほきいち》などが、また前野良沢《まえのりょうたく》、杉田《すぎた》玄白《げんぱく》などが、さらに上田秋成《うえだあきなり》あるいは山県大弐《やまがただいに》などが活動したのはこの時代だが、民衆にまで徹底した一時代の指導原理となるような権威ある思想、ないしはその思想の象徴といえるような一人物が存在しなかったという意味では、一種の「空白時代」であった。

アメリカ的表現を使えば「ニクソンは有能な政略家かもしれぬが彼には心《ハート》がない、だから支持したくない」というような「ハートなき時代」であった。意次も、彼の政策をどう弁護しても、彼もまた心《ハート》なき人物であったことは否定できない。

徳川吉宗《とくがわよしむね》（注：江戸幕府第八代将軍。享保《きょうほう》の改革を実行）は確かに一種の武士的な心《ハート》を持った人物であったろう。だがこういう人物が「指導者として目立つ」こと自体が、すでに、一つの時代の終わりを告げていた。それは常に決して新しい時代のはじまりではない。晩年の彼は自己の政策が結局失敗であったことを、思い知らされねばならなかった。

田沼意次は徳川期の「悪玉」とされているが、彼の時代こそ、いろいろな意味で興味深い時代である。公然たる汚職《おしょく》、進行するインフレ、それに基づく武士階級の経済的破綻《はたん》、一切の権威の失墜。日本人独特の行き方、いわば「人心一新」のため明和《めいわ》九年（一七七二年）に改元があり、安永《あんえい》元年となった——「めいわ九（迷惑）も　昨日を限り今日よりは　寿命ひさしき安永のとし」という希望的観測に基づく落首《らくしゅ》（注：匿名の戯歌《ざれうた》）も出たが、すぐ、インフレ苦を皮肉って「年号は『安く』『永し』と変はれども　諸式（諸物価）高値　いまもめいわ九」という落首にかわった。

意次は儒者の経済論を一切信用しなかった。彼は経済成長・インフレ経済を推進し、その結果生じた輸入増による正貨の流失を注意され、前述のように白石の『宝貨事略』を示されたときも、日本列島を改造してＧＮＰを倍増し、それによって生産された製品を中国に輸出して、逆に正貨を獲得すればよいと考えていた。

彼は、日本の経済的困難を中国を市場とすることで解決できると考えた最初の日本人（倭《わ》寇《こう》には、そういう基本的な考え方があったわけではないから）であろう。この田沼意次的発想は、明治期にも、昭和前期にも、また現在にも出てきているが、興味深い点は、それらがいずれも中国の経済事情とは無関係に日本の国内事情にのみ起因していることである。同時にそれが常に中国文化への関心ないしは中国の影響力が皆無《かいむ》に近くなったときに起こることである。

現在もほぼ同じで、人工的・作為的「中国ブーム」などは、はじめからナンセンスである。田沼時代は無思想・無権威・無道徳、行動の基準は金高《かねだか》のみといった時代に見られ、その象徴としての彼は後代の道学者のみならず、彼が軽蔑《けいべつ》し無視した同時代の学者からも、徹底的な指弾を受けている。

しかしこの時代は同時に藩の経済を建て直した「名君」、今でいえば「名経営者」の出た時代で、意次の日本列島改造論も結局は同じ発想である。いわば国内開発、生産増強、輸出増大、正貨獲得で、これを再投資して同じ循環で拡大再生産を進めようという行き方である。

この改造論のうち最大の規模のものは蝦夷地《えぞち》開発計画であろう。これは当時としては確かに大計画で、諸国から人々を集め、約七万人を移民・入植させて農地を開き、その長の弾左衛門《だんざえもん》の支配下に一つの自治体をつくる。そして土地が開かれれば自《おの》ずと諸商人も入り、北方の物産も取得でき、また人口も増えるであろうから、さらに開拓が進み、国富を増すと同時に北方への防衛の一助ともなる、という計画であった。

この計画は彼の没落とともに立ち消えた。しかしこれと同じような小計画は常に立案され、一部は実行され、とくに銅山の開発には、彼は終始、実に熱心であった。

インフレ苦の時代

彼が本当に「開国」を考えていたとは思えないが、輸出増強・正貨獲得の積極政策を進めたことは事実である。まず中国貿易の銀本位制は、彼（と思われる）の意見で、銅とのバーターになり、やがて銅七〇パーセント、俵物《たわらもの》三〇パーセントのバーターとなり、さらに正貨獲得へと進んだ。

この俵物とは海産物の乾物で、乾《ほし》あわび、フカのひれ、乾なまこで、長崎から集買人を各地に巡回させ、運上《うんじょう》（注：いわば運送税）を免除し、大いに輸出を奨励した。長崎会所取調書によると、南部・津軽・松前から、実に多量の海産物が長崎に送られているのがわかる。

蝦夷開発はこれとの関連であろう。

これを彼は輸出させ、できる限り金銀にかえた。当時の記録を見ると、オランダ・中国の商人経由で、驚くなかれ世界中の金銀貨が集められ、その中には金銭トカアト、銀銭ロヘイ、スハンマット、安南板金、安南板銀、チベット金の名まで見える。これらで彼は、五匁銀《ごもんめ》と南鐐《なんりょう》二朱銀をつくって流通させたが、物資の流出と硬貨輸入による過剰流動性はさらにインフレを促進させた。

この五匁銀と二朱銀の新鋳貨《ちゅうか》が、いわばインフレの象徴としてどれほど嫌われたかは、「麴町《こうじまち》十三丁目下駄屋甚兵衛《げたやじんべえ》の上書《じょうしょ》」にも見られる。

これは「廿年以来諸色《しょしき》（物価）高直《こうじき》（高値《たかね》）に相成《あいなり》候儀は、弐《に》朱銀出《いで》候てより、西国方《さいごくがた》金相場、段々下直《げじき》ニ相成候……」と貨幣価値下落の指摘にはじまり、あらゆる階級のインフレ苦を訴えて「……御武家様百姓町人に至迄、及二難儀に一申候……日々通用何万両と申金子《もうすきんす》にて割《わり》候ては、広大の違に相成《あいなり》候、右諸国之《の》困窮か様之儀、其《その》根元と成候様に奉レ存候事……」で終わっている。

さらに真鍮《しんちゅう》の四文銭も鋳造《ちゅうぞう》されたが、これが文字通り民衆に嫌悪《けんお》されたらしい。この「上書」にも「四文銭之裏に、青海波《せいがいは》（注：独特の波模様）之形《かたち》御座候も……」といってこれに言及しているが、これは発行されるとすぐ「ちかき頃、青海鳥といふあく鳥（注：悪鳥）出る、もとは田の沼より出る……毛黄にして、うしろに青海波をおふ……大あく鳥なり……」といった落首が出ている。

はじめは、町人たちはインフレ利得者として「金持《もっ》た町人百姓とかけて・鵜《う》のまねをする烏《からす》ととく・意《こころ》は身の程しらぬ」といった批評も受けたが、やがて彼らにもその被害が及び、「妙味諸人困究丸《こんきゅうがん》・㈠第一、困究する事妙也《みょうなり》、㈠けんやくに用ゐてよし、㈠人の油をとるによし、㈠義理をかくによし、㈠事をかくによし、㈠はぢをかくによし。右用様毎日二三度づつ、さゆにてもちゆ」という落首も出た。

漱石の『猫』の「金田氏の三かく術」はこれからヒントを得たものと思うが（注：『吾輩は猫である』四章に、鈴木藤十郎《すずきとうじゅうろう》君の言葉として「今もある実業家の所へ行つて聞いて来たんだが、金を作るにも三角術を使はなくちやいけないと云ふのさ——義理をかく、人情をかく、恥をかく是《これ》で三角になるさうだ面白いぢやないかアハヽヽヽ」とある）、意次自身には、最後まで、インフレというものへの理解がまったくなかったように思う。

田沼時代、日本人の目が「天皇」と「西欧」に向きはじめた

確かに彼は「決断と実行」の人であった。このことは幕末の黒船来航のとき、幕府の要人がただただ右往左往して何も決断できないでいるのを見て、田沼意次なら「英雄無量の決断

あるべし、三百石より五万七千石迄に、昇進の才智、絶妙の場合あり」と『内安録《ないあんろく》』（内藤《ないとう》忠明《ただあき》著）に記されているが、その通りであったろう。

ただ「決断」の基本となる思想は彼に皆無であり、ただ吉宗の政策と「出世・昇進」という自己の経験則だけが基準であった。この点、秀吉に似た一面がある。

当時のインフレの責任は、すべて彼にあるとするのも、いささか酷であろう。彼の手でどうにもできない天災も飢饉《ききん》もあった。また同時代のいわゆる思想家や学者にも、彼を批判する資格はあるまい。というのは、彼の政策の破綻を予測した者もなく、実行可能な反対意見を述べた者もなく、新しい事態に対処するための理論を提示した者もいなかったのだから。

しかし確かに彼にも大きな欠点があった。いわばハートの問題であり、それは少なくとも為政者《いせいしゃ》として、その時代の要請する政治道徳の基準は――たとえそれがいかなる基準であれ――無視すべきでないこと、当時の基準すなわち儒教の「修身斉家治国平天下《しゅうしんせいかちこくへいてんか》」は無視すべきでないことを、まったく忘れていたことである。もっとも忘れていたのは彼だけでないが――。したがって失脚と共に、当時の知識人はもとより庶民・町人からも、あらゆる非難罵《ば》倒《とう》がとんできた。

「水は出る　油はきれる　其《そ》の中に　何とて米の　高くなるらん。方々よろこべ　田沼は役が上がつたわ」にはじまり、「そもそもわつちが在所は、遠州相良《えんしゅうさがら》の城にて、七つ星からけいはくばかりで、おそばへつん出て、御用をきくやら、老中に成るやら、……」と続き、「……是迄《これまで》いろいろだましてとつたる五万七千、名ばかり名ばかり、七十づらにて、こんなつまらぬ事こそ有るまい、……天運つきたる、かなしいこんだに、ホーイ　ホイ」で終わる戯歌《ざれうた》「ちょぼくれちょんがれ」まで、当時の庶民は、彼が、自分の利得のためにインフレを起こしていると考えて徹底的に糾弾した。

　また作者不明だが、当時「田沼主殿頭江《とのものかみへ》被仰渡御書附《おおせわたさるるおかきつけ》」という題で、幕府が意次にその罪責を申し渡したような形式の創作がある。これは二十五ヵ条よりなり、相当の知識人の創作と思われるが、結局彼は、最終的には私利私欲のためすべてを行ったと糾弾している。

　第一条には「……下《しも》之痛に成《なり》候ても上《かみ》之御利益付《つき》候へば、諸事無二遠慮一興行申候、仍レ之《すなわちこれ》姦智之《かんちの》者共、近年吝嗇《りんしょく》之筋より立身仕《つかまつり》、諸大夫《たいふ》に至《いたり》候人も間々《まま》有レ之候、是等は民之油をしぼり、上之御仁徳を損《そこない》候て不忠不義可レ申様無《なき》次第に候……」とある。

　また彼があらゆる方法で集めた財の一覧表というのも創作された。それにはまず「関東米・拾二万俵、畿内米・二拾五万俵、奥州米・百二拾万俵……」合計八百六拾二万八千俵、にはじまり「油二百八拾万樽《だる》、金七億八拾万樽（？）……」等々とある。

　もちろん事実ではない。しかし、これは彼に、非常に無神経に自己の蓄財を誇示《こじ》する成金趣味があったためでもある。彼にとっては「財の誇示」だけが、自己の権威づけであったからであろう。

　もっとも収賄・売官・利権あさり・役得は、当時は彼だけとは言えなかった。何しろ毎日のように、何かを持って何十人という人が面会に来た。池を掘って、彼が何気なく「鯉《こい》を放つか」といって登城し、帰宅してみたら池の中に鯉があふれていた、というのが実情であった。

　世の中には権威と言えるものがなく、彼自身、財力以外の権威は認めなかった。しかしそれは結局、幕府の権威をも失わせる結果にすぎなかった。いかなる政府であれ、その為政者がこれほど決定的な不信と嘲罵《ちょうば》を受けては、その政権を維持することは不可能である。

　続く松平定信の政策は、結局は、自己の修身斉家《しゅうしんせいか》を基礎とする幕府の権威の復興であった。人びとは権威の復興を望んでいたので、それで小康《しょうこう》を得たと言える。しかしそれは結局は失敗であった。彼には、新しい政策はなく、田沼時代の政策をすべて停止したというだけであったから。

　結局、儒者と中国の権威はしだいに影をうすくしていき、この風潮と篤胤の「中国人犬猿論」が一つになって一種の「空白地帯」をつくり、そこに『日本外史』「国学」が新しい権威「中国＝天皇」として登場してきた。

　そして明治四年（一八七一年）まで、日本人は国内の動乱と欧米諸国との折衝《せっしょう》に追われて、中国の存在そのものまで、忘れていたといえる。

しかしあらゆる面から見て、日本人の目が「天皇」と「西欧」に向きはじめたのは田沼時代であると言えよう。したがって、彼に具体的な「開国政策」があったと考える人がいても、不思議ではない。しかしこの「決断と実行」の人に、そういう「構想」があったとは思えず、ただ予期しなかった目前の現象に対処するための、場当たり的な思いつきの域を出なかったであろう。

日中で沖縄の帰属はいまだに確定していない

林子平《はやししへい》の『海国兵談《かいこくへいだん》』（一七九一年刊行）から明治四年（一八七一年）まで、日本は半ば中国を忘れていた。明治とともに中国への渡航者が多くなり、その必要上から、四年に伊達宗《だてむね》城《なり》が北京に行って清《しん》国政府と修好通商条約を結んだ。実に秀吉以来はじめての「日中国交回復」である。しかしそれは、まことに事務的な折衝で、誰一人これを歴史的事件とは思わなかった。第一、宗城は大蔵卿《おおくらきょう》であって外務卿ではない。そして今では、こういう事実があったことすら、多くの人は忘れている。

ところがすぐさま両国間に問題が起こった。琉球問題である。琉球は「両属の国」である。しかし日本は廃藩置県と同時に、これを一方的にまず鹿児島県へ編入した。そして翌年、琉球王尚泰《しょうたい》を琉球藩主として華族にし、明治十二年（一八七九年）、琉球藩を沖縄県とした。明治四年というと清国は長髪賊の乱（注：太平天国の乱。ただし、これは著者の勘違いで、この乱は江戸時代末期の一八五一～一八六四年）のときであるから、いささか相手国のどさくさにまぎれて、既成事実をつくってしまった感がある。

明治十二年の置県と同時に清国から抗議が来て、いわゆるグラントの仲裁（注：グラントは南北戦争の英雄にして、アメリカ合衆国第十八代大統領。引退後世界一周旅行の途次、日本を訪問。このとき琉球問題についての日清間の調停を試みた）となった。これによって十三年にできあがった協定は「沖縄分割案」で、それでは宮古《みやこ》・八重山《やえやま》両群島は中国領であって日本領ではない。

日本側はこれを承認し、中国側は拒否した。したがって中国側に関する限り、沖縄の帰属は今なお法的には未確定の問題である。また日本側に関する限り、宮古・八重山両群島は日本領ではない。したがって将来情勢の変化とともに、中国が、沖縄全島もしくは宮古・八重山両群島を中国領だと主張し出すことがあっても、別に驚くにはあたらないし、根拠のないことではない。

そしてこういう問題を、何らかの機会に法的に決着をつけておかないのは、日本の「悪しき伝統」の一つかもしれない。

ただこのことを当時の政府が、中国を無視して一方的に強行したと考えるのは誤りで、日清戦争までの日本人の「対清恐怖」は、日露戦争後の日本人には想像もつかぬほどで、「病的」と言えるのではないかと思われるほどだ。すなわち「極力触れまい、どうしても交渉が必要なら、誰かに仲介に立ってもらおう」という態度であった。

同じ態度は、同じころ起こった台湾事件にも見られる。これは明治四年と六年に、琉球と備中《びっちゅう》（注：岡山県西部）の日本人漂流民が〝生蕃《せいばん》〟（注：台湾原住民への差別語）に殺害された事件に端を発している。

明治六年、前記の修好通商条約批准書交換のため外務卿副島種臣《そえじまたねおみ》が北京を訪れたとき、この件について清国に質問した。清国は「生蕃は化外《かがい》（注：天子の教化のおよばぬ地）の民」従って「その行為に清国は責任を負わない」旨《むね》答えた。そこで日本の台湾出兵となり、永久占領を計画したが、清国側の抗議でいとも簡単に撤兵している。このときも在北京のイギリス公使ウェードが仲介に立っている。

明治初期の日本人の柔軟性

明治初期の日本人の大きな特徴は、その姿勢が非常に柔軟であり、実に巧《たく》みに撤退したことであろう。彼らには一見、後代の日本人のような硬直した態度がないかのように見える。

台湾問題でもそうだが、樺太《からふと》問題でも同じであった。幕末以来のロシアとの間の懸案も、黒田清隆《くろだきよたか》の、樺太を放棄して全力を北海道の開発にそそぐべきだというきわめて常識的な意見が通って、明治八年の千島《ちしま》・樺太交換条約になっている。――ところが、常に常識的だと思っていると、ここで不意に、異様な事件に遭遇するのである。それが、何とも解釈のつかない奇妙な事件、すなわち「征韓論《せいかんろん》」なのである。

一体全体「征韓論」の起こった原因は何か。実質的には皆無と言わねばならない。征韓論者によると、原因は韓国が日本に非礼であったということだが――さて、非礼が開戦の理由になるとは、何としても不可思議な話である。もし、このとき「征韓」が実施されていたら、おそらくそれは、南京城総攻撃以上に、世界史上最もわけのわからない戦争になったであろう。

もっとも、わけがわからないから、私は、好奇心を抱かざるを得ないわけだが。――先日ある雑誌で「金大中事件」（注：一九七三年八月に、来日中の金大中大統領候補者が、ホテルからＫＣＩＡ〔韓国のＣＩＡ〕に拉致《らち》された事件）を「征韓論」になぞらえて批判している小論を見たが、その人の言っていることは、かつて大久保利通《おおくぼとしみち》が主張したこととほぼ同じなので、まず大久保の反論を手掛りにしよう。

大久保の主張の趣旨を要約解説すれば次のようになるであろう。「韓国が非礼だと言う。

しかしそう言うなら一体全体、日本に不平等条約を押しつけ、日本に駐兵さえしている列強はどうなのか。韓国は何も日本に不平等条約を押しつけたわけでもなければ、日本に駐兵して治外法権を主張しているわけでもない。主権を侵害している者があればそれは列強であっても韓国ではあるまい。非礼が原因なら、まず『征列強』を強行してこれらを一掃しなければなるまい。それをしないで『征韓』を主張するとはまったく論理が通らない。したがってまず国力を増強して、列強の『非礼』を排除すべきだ」と。

この議論には論理的には反対できない。征韓論者が一種感情的に憤激したのは、彼の「反論できない冷たい」議論であったと思われる。

もし勝海舟が外務卿だったら……

では一体、なぜ西郷隆盛《さいごうたかもり》は「反論できないほど脆弱《ぜいじゃく》な主張」を強行しようとしたのか。またなぜ、この議論に敗れたことが、政府との訣別《けつべつ》、隠退にまでなるのか。いろいろな見方が成り立つと思うが、少なくとも西郷の主観的な見方での征韓とは、今の言葉でいえば友邦《ゆうほう》への「革命の輸出」いわば主観的「解放戦争」なのである。

その革命は彼が生涯推進してきたものだが、それを欧米列強という「外国」に輸出する気は、もちろん彼にはない。したがって彼から見れば、大久保の議論はひどい詭弁《きべん》になるだけでなく、それは明治政府が、彼が推進してきた革命政府であることをやめるという宣言でもあった。

確かに明治六年九月十三日の岩倉《いわくら》・大久保一行（注：岩倉具視《ともみ》を団長とする遣米欧使節団）の帰国から、同年十二月二十五日までの三ヵ月間は、岩倉・大久保による「宮廷内革命」の様相を呈した（注：いわゆる「明治六年の政変」）。

太政大臣三条実美《さんじょうさねとみ》は事態を収拾できず、仮病を申し立てて辞表を出し、家にひきこもってしまう。そこで太政大臣代行となった岩倉具視が、征韓の非を上奏し、十月二十三日にこれの中止が決定される。

隆盛は憤慨して翌日辞職する。そして翌々日には副島・後藤《ごとう》（象二郎《しょうじろう》）・板垣《いたがき》（退助《たいすけ》）・江《え》藤《とう》（新平《しんぺい》）の諸参議が続々とやめ、ついで次々と文武官が辞職して政府は崩壊しそうになる。

具視は、非征韓上奏の責任者として徹底的に憎悪されたので、事態は収拾できない。いわば門閥として、また政治的無色として、何とか収拾できそうなのは三条実美だが、彼は、辞意が固くて家から出て来ない。ついに何としても収拾できず、明治天皇は自ら三条実美の家に行き、彼を引っぱり出してきた。

こういう例は日本史において空前絶後であろうが、明治天皇の指導権が確立したのはこのときであったであろう、と私は考えている。そのとき、彼が実美に与えた宸翰《しんかん》すなわち自筆書簡の写真が今手許《てもと》にあるが、とうてい宮廷文書の文字とは言えず、興奮し精神が動揺している一《いち》人間の走り書きである。それは次のように記されている。

「汝実美《さねとみ》再三辞表之《の》趣、全ク職掌《しょくしょう》ニ対シ至誠ノ衷情《ちゅうじょう》ニ出《い》ツ。朕之《ちんこれ》ヲ容納セリ。然《しかり》ト雖《いえど》モ方今《ほうこん》（注：現在）国家多事ノ際、朕カ股肱《ここう》（注：忠臣）一日モ不可欠《かくべからず》。更ニ、汝ニ親任ス。実美其《そ》レ之ヲ勉《つとめ》ヨ」（注：句読点を加筆）

　ここで隆盛の考えていたような天皇制は終わり、天皇家幕府ができて、その外交政策はほぼ勝海舟《かつかいしゅう》の路線に沿って進み出したわけである。

岩倉・大久保の一行が海外視察で知り得た程度のことは、とうの昔に、勝海舟は知っていた。回り道をして、何か新しい方針を樹立したように見えたが、実は海舟を外務卿にすえておけば、そのままか、もっと巧みに行ったであろう道を、また新しく進み出しただけであった。

　そして徳川時代に育《はぐく》まれ、明治政府へと到達させた「勤皇《きんのう》思想」は、西郷と共に再び「野《や》」に下っていくのである。そしてそれが後に、天皇思想が天皇家幕府に立ち向かい、新しい征韓論へと進んでいくわけである。

「領土」問題というアキレス腱

日米、日欧間の貿易経済摩擦が表面化していった一九七七年春、ソビエトが二〇〇カイリ漁業専管水域を設定、ついで漁業条約廃棄を通告してきた。日本も二〇〇カイリ水域を宣言して対抗、日ソ間の緊張は高まった。

日本を動かしている「何か」

「血潮と交《か》えし遼東《りょうとう》に
　さ迷う魂《たま》の叫び聞け
黄沙白沙《こうしゃはくしゃ》に風吹けば
　世は戦声の中なれや
義戦の跡も早やすでに　…………」

これは昭和一八年（一九四三年）まで歌われていた軍歌「血潮と交えし」の冒頭だが、私は予備士官学校でこれを歌わせられたとき、何とも言えぬ奇妙な気持ちがした。軍歌などみな忘れてしまったが、これだけは覚えているのも、奇妙な気持ちを起こさせた対象の実体が、未だに理解・把握《はあく》できないためかもしれぬ。

この軍歌ができたのは、日清間の講和が成立し、ついで三国干渉があって、日本が、獲得した遼東半島を中国に返還せざるを得なくなった直後であろう。いわば日本民族が、歴史的にみて、「近代的な意味の領土問題」にはじめて直面したときにできた歌であり、その意味では「領土問題における国民感情」の〝原点〟にあるわけで、「北方領土・線引き・領土問題」「超党派的強硬態度」といった言葉を聞くと、すぐ、この歌を歌わせられたときの奇妙な気持ちと、その奇妙さを思わず口にしたときの、人びとが示した殺気立った反応を思い出すのである。

考えてみれば不思議である。日清戦争時の軍歌で、太平洋戦争が終わるまで歌いつづけられていた軍歌はおそらくこれくらいのものだが、しかし、この問題は少なくとも戦前的理解では日露戦争で解決ずみで、歴史の教科書には残っても、一種の怨念《おんねん》をこめた歌としては忘れられて然《しか》るべき問題だったはずである。

さらに、遼東半島は日本固有の領土でなく中国の領土であり、条約の条文で〝一瞬〟日本領になったとはいえ、現実問題としてそれまで日本の領土であったわけでなく、日本人が住んでいるわけでもなく、感情的に失いたくない伝統的な何かがあったわけでもない。

さらに日本は日清戦争ですでに多くを獲得し、遼東半島は「取りそこなった」のであって、何かを「失った」わけではない。それなのにこの事件はまるで〝肉親の間をさかれた嘆き〟のように日本人にとりつき、以後半世紀、この歌だけは歌いつづけられていた――それはおそらく政策や軍の方針が決めたものでなく、この歌が「軍歌」という枠《わく》をこえて、何か強くわれわれにアッピールするものを持っていたからだと思う以外にない。「時の淘汰《とうた》」が残したものは、何かを、われわれの心底にある何かを表現している。そしてその「何か」は、竹島問題とか北方領土問題で、現実に日本を動かしている「何か」かもしれない。

こういう歌が出てくる感情がすべてを支配したら、領土問題の政治的解決はあり得ない。遼東を還付させられたため、そこで血を流して死んだ「英霊」が浮かばれずにさまよって叫んでいるからこの叫びに応えねばならぬと言うなら、「生きている他人」と話しあう余地はなく、この面では「問答無用」になる。ということは、国内的には、利害を基礎とした政治的取引による解決を主張する者は「口がきけなくなる」ことであり、マスコミがこれに同調して政争が作用し、「領土問題において譲歩を主張した者は必ず落選する」となれば、「救いがたい挙国一致」が招来されて当然だからである。だがこういう挙国一致は何の合理的解決ももたらしはすまい。

過去においても、ひとたび「領土問題」ともなればすぐ「超党派」になり、その面に関する限り〝挙国一致内閣〟が出現した。その点でも、「超党派議員団」のモスクワ行きでも、今回もまた過去と同じであり、この〝壮挙〟に対して批判も反対もないという点でもまた過去と同じであろう。

だが、こういう行動に何か意味があるのであろうか？　反対のための反対には意味はないと言うが、同じように賛成のための賛成もまた意味がない――それがいかに無意味かは、議会・国会を通じての〝超党派決議〟なるものの跡を探ればよい、少なくとも対外問題に関する限り、それはまことに寒々とした決議文の羅列《られつ》にすぎない。

言うまでもなく「自己満足の論理は諸刃《もろは》の剣《つるぎ》」で、自己の主張するその論理を相手もそのまま主張し得ることを忘れてはなるまい。したがって主張に「絶対」はあり得ず、それはあくまでも主張される側と「相対」のはず、それを認めねば自らが振りかざした諸刃の片側で自らが倒れるだけであろう。

遼東で日本兵の「さまよう魂《たま》」が叫んでいるなら、中国兵の魂はもっと大きく叫んでいるであろう。彼らは命を失い国土を奪取されたのだから――したがって交渉の基礎はこの相対性にあるはず、だがこの言葉は当時（そしておそらく今も）禁句であり、この発想を絶対許容しないことは、ついうっかりこれを口にした瞬間、文字通りリンチに遭《あ》いそうになったことにも表れている。そしてこの精神状態は、遼東問題を離れても、領土問題に関する限り、その軍歌の生命の長さと同様に続き、たとえ表れ方はかわっても基本的には今も続いているると思われる。

交渉の「手」

確かに、明治八年（一八七五年）の千島・樺太交換条約によって日本が千島を領有したことは事実であろう。しかしその状態で戦後を迎えたわけでなく、その三〇年後の明治三八年（一九〇五年）に日本は、戦勝により、千島を保持したまま樺太の南半分をも領有するに至った。だが「勝者の論理」はそれを不当と考えず、樺太が半分であったことと償金がとれなかったことを逆に不当と考えた。だがこれは、先方から見れば「敗戦により不当に奪取され、交換条約は無視された」ことになる。

それから四〇年後、昭和二〇年（一九四五年）に、今度はソビエト・ロシアが樺太を回復し、ついで千島を占領した。これを日本の側から見れば、今度はこちらが「不当に奪取された」わけだが、先方は日露戦争当時の日本人と同様、不当に奪取したとは考えていないであろう。いや、何かがもっと取れなかったことを、不当と考えているかもしれない。

確かにポツダム宣言の字句の解釈で、先方を不当と言い得るであろう。しかし、最初の取得が「交換条約」であったこと自体、これらがともに伝統的な固有の領土ではなく、明確な「領有」をどこも主張するに至っていない「未確定地域であった証拠」だから「固有の領土」に入らない、という主張も成り立つ。

というのは、日本が勝者だったら、そう主張することを少なくとも日本人は誰も「不当」とは感じず、それを「不当」と言う者のほうが、奇妙な目で見られたかもしれないからである。

言うまでもないが、「成り立つ」ということは、こちらがそれを主張するということではない。まことに奇妙なことだが、「それなら相手も同じことを主張できるはずだ」とその事実を述べただけで「おまえはどちら側の人間だ」と言って憤慨《ふんがい》する人がいる。

この「何々の側の論理」ぐらい奇妙なものはないのだが、このことは、将棋のプロは、頭の中で盤を逆転させ、相手の位置に立って局面を見うる、これができればプロ、できなければプロと言えない、という言葉と実質的には何の違いもない——少なくとも「交渉」という言葉を口にするならば——。

どの交渉とて同じだが、今回も「日ソ交渉将棋盤」を頭の中で自由自在に逆転させて「局面」を見なければ、何の「手」も見つかるはずはない。このことはもちろん、相手に迎合して相手側に立った日中交渉方式のそれと同じことをやれと言うのではない。

あくまでも「手」を探し出す手段であり、これができねば「手」が探し出せず、「手」を探し出せないなら一方的に指し切られて当然だということにすぎない。そしてその結果は、こちら側だけに立とうとあちら側だけに立とうと同じことなのである。そしてその当然の結果を招来したことをまた「不当だ、不当だ」と叫んだとて、それもまた何の解決も招来しない。

北方領土も竹島も同じ

第一、憤激しても惚《ほ》れこんでも人間は思考能力を失う。思考能力を失えば自ら「手」を失って自滅する。したがってまず無理難題をふっかけて日本の新聞をカッカとさせ、世論を憤激させ、これに迎合する代議士で政府を拘束させれば、政府自体が身動きもできなくなり、日本国中、上から下まで「将棋盤を頭の中で引っくり返して局面を見る」能力を完全に喪失する。

そうなればしめたもの――私がソビエトの外交当局なら、当然にこの「手」を使うであろう。プロ野球の応援団でもこれくらいの手は使い、私でさえこう思うくらいなのだから、彼らにこういう発想がないと考えるほうがむしろおかしい。

彼らはもちろん、日本の世論調査においてソビエトが常に「嫌いな国」のトップで、調査によって差があるとはいえ、その率が三三・四パーセントから五〇パーセントという高率であることは知っている。また、「どこの国と仲よくしたいか」の世論調査ではアメリカ四二パーセント、中国一六パーセント、ソビエト三パーセントという数字も知っている。これを知っているなら、外交手段としてこの感情を逆用するぐらいのことは、当然の発想と考うべきであろう。

とすれば憤激状態を招来さすための工作がまず「第一手」のはず、「ミグ事件」（注：一九七六年にソ連空軍のミグ25型機が函館《はこだて》空港に突然着陸し、パイロットが亡命した事件）もその一つであり得ようが、決め手は「領土問題」のはずである。したがって「領土問題」という切り札を持つ限り、彼らは、日本の世論操作が自由にできるはずだから、「北方領土問題」は〝未解決〟と日本人に思いこませておいたほうが有利だと考えているはず。

私は田中・ブレジネフ会談（注：ソ連を公式訪問した田中総理大臣とブレジネフ書記長の会談）の奇妙な〝合意〟の背後にこの思惑《おもわく》があると考えている。というのは彼らがその〝心底〟で、「北方領土問題は未解決」などと思っているはずはなく、「未解決」という暗示をその〝悲願〟に与えておいたほうが有利だと考えただけのはずである。

それを何か「成果」の如《ごと》くに持ち帰って来た当時の田中総理は不思議な人で、「成果」があったのはむしろソビエトのほうであろう。確かにこのほうが、彼らにとって有利である。

というのは、こうしておいても、彼らは実質的には、失うべき何ものもない。したがってこの「決め手」が、今後とも、何度も何度も繰り返し使われることをわれわれは覚悟しておくべきである。「覚悟」さえしているならそれでもよいが、そうでなければ、新しい「遼東」に引っかかって奇妙な取引にずるずると引きこまれ、また「だまされた、だまされた」と言うだけであろう。

これは竹島問題でも同じはずである。また福田首相は「領土問題で譲歩はしない。魚は魚、領土は領土、ひとゆるぎもしない」そうだが、「ひとゆるぎ」もしなくても別にソビエトは困らず、そのほうが自分にとって有利なはずだから、心底ではゆるがないことを願っているであろう。

この点で、今思うと少々不思議に見えてくるのが故重光葵《しげみつまもる》外相（注：国連にまだ加盟できていなかった一九五六年七月に日ソ交渉を行った日本側の全権）である。彼がなぜモスクワで、ハボマイ・シコタン両島の日本への返還だけで講和条約を結ぼうとしたのか。ソビエトを相当によく知っていたこの職業外交官が、いかなる分析に基づく判断でそう決断をしたのか、その細部を知りたいと思って調べてみたが、とうとうわからず仕舞《じまい》であった。

日本では常に、この種の〝少数意見〟が消されてしまうので、多面的な見方ができなくて困る。当時盛んに、「アデナウアー方式」（注：一九五五年に西ドイツのアデナウアーが、東ドイツの存在という「領土の現有状態の承認」は「留保」したまま、ソビエトと「外交関係を設定」した方式）という言葉が使われ、これが何か「決め手」のように言われたが、アデナウアー（注：西ドイツの初代連邦首相）の場合は「東西に二分されたドイツ」という現実がその前提で、その発想は日本に適用できないはずである。

ではなぜ、あのような結果になったのか。魚か領土か？　もちろん過去のことはあくまでも参考資料であって「全面講和論は正しかった」式の「重光方式は正しかった」を主張するつもりはないし、第一、資料がないから何とも言えないわけだが、彼の考え方を受けつぐ本職外交官の中に、今の時点でなお似た意見があっても不思議でないという気がする。おそらくあるのであろう。

また北方領土はソ連領だとはっきり言明した有名教授もいたし、財界人や野党の中にも実質的に同意見の人もいるという。今は言論は自由で、それを主張しても「露探《ろたん》」（注：ロシアの軍事探偵、つまりスパイ）と投石されるわけでもあるまいに、なぜそれが出てこないのか。理由は日本における「領土問題」の特異性のためであろうと思う。

「敵愾心」を燃やす日

こうなると「領土問題」は日本のアキレス腱《けん》となりかねない。いや、過去において常にそようであったように思う。その心理的側面は戦争においても同じであり、全体的な作戦構想よりも、小島嶼《しょうとうしょ》（注：小さな島々）を失うまいと全エネルギーを投入する「陣とりごっこ」のような形になり、そのために自己が何をどれだけ失うか、また失ったかを計算できなくなっている。

そしてここにあるのは、何の成算もなき敵愾心《てきがいしん》であり、この敵愾心は、占有した土地を失うかもしれぬという危惧《きぐ》が出た瞬間、まるで条件反射のように出てくる。新聞批評紙「言論人」に「大戦前夜を思わすような各紙」という見出しの次のようなおもしろい記述がある。

「三月末から四月初めにかけての各紙は、何か、大戦前夜を思わすようなムードがあった。連日のように一面ないしは社会面のトップ扱いで報じられる日ソ漁業交渉は、その見出しが日毎《ひごと》にエキサイトし、『ソ連が〝最後通告〟』（三月二八日、毎日）、『北洋漁船、怒りの帰国』（三月三一日、毎日夕刊）、『無念の南帰行〝ずらり〟ソ連潜水艦網』（三月三一日、読売）、『ソ連の要求は理不尽』（三月三〇日、サンケイ）、『二百カイリ波高し』（三月二九日、東京）――といった具合だ。

泰平になれた国民にとっては、まったく久しぶりに〝敵愾心〟を燃やす幾日かであったにちがいない。

事実、この間のソ連の主張はきわめて唐突性と一方性に満ちていた（中略）から、日本にとっては大ショックであった。〝最後通告〟といったエキセントリックな見出しが使われるのも、むしろ当然のことだったといえよう。

　こうしたニュース報道に論説が歩調を合わせたことはいうまでもない。各紙、筆を揃《そろ》えてソ連の一方的な要求を非難、このままでは国民の対ソ感情は悪化し、日ソ友好関係にヒビが入るとして譲歩を要求したのである。

　とりわけパッショネートだったのが朝日。〝漁業者の団結と全国民の支援〟と題する社説（三月二九日）で、『日本領海内でのソ連操業要求は、高圧を通りこして、非常識だとしかいいようがない』ときめつけ、さらに貝殻島問題で『日本人の心を力で支配はできない』と絶叫した。まさに情熱の筆といえよう」

　だがこの「敵愾心」が何かの役に立つであろうか。明治四二年（一九〇九年）に内村鑑三《うちむらかんぞう》は「国を亡す者＝敵愾心」という題で、次のような興味深い一文を草している（「聖書之《の》研究」一〇九号）。

「若《も》し日本国を亡《ほろぼ》す者あらん乎《か》、そは兵備の不足にあらざるべし、愛国心の欠乏にあらざるべし、其《その》国民の熾烈《しれつ》なる敵愾心なるべし、敵を憎むの念の激烈なるより、万事を忘れ、万物を抛《なげう》ち、彼を斃《たお》さざれば息《や》まざるの心なり、此《この》心ありて人は敵を斃して己《おのれ》も亦《また》斃る、四海《しかい》（注：全世界の人）素《も》と是《こ》れ兄弟《けいてい》なり、彼を傷《きず》くるは我を傷くるに均《ひと》し、敵を憎んで息まざれば我が心又愛に渇して死す、愛の正反対なる敵愾心は決して国を護《まも》るの精神にあらざるなり。」

彼は明治的愛国者であったが、いわゆる〝愛国者〟の敵愾心を非常に危険な要素と見ている。確かにこれは内村の文章からその宗教性を取り去っても言えることで、それは戦略的に無価値に等しい小島を奪取されまいという異常な敵愾心のため、全エネルギーをそこに注入して自ら倒れたその後の行き方を予言していると言えるであろう。

「政治的境界」意識がある国、ない国

土地とか領土とかいった対象に一種「肉身的」な愛情を持つ伝統がどこから来たか、それはさまざまな要素が重なりあって形成された伝統的国民感情で、ひとことでこれが「何々に由来する」とは言えないと思う。

しかし渡部昇一《わたなべしょういち》氏が指摘された「神話時代から現代まで、その国土の範囲に基本的な変化がなかった」ことが基礎になっていると思われる。それは、自然的境界も言語的境界も政治的境界も文化的境界も同じであるという特異な状態にあることであり、そのことは、政治的境界の外に自分たちの言語圏・文化圏があるという状態、または自らの政治的境界の中に数種の言語圏・文化圏を持つという状態とも異なっているため、「政治的境界とはあくまでも政治的な〝人工的境界〟にすぎない」という意識を持ち得なくなったことに由来するであろ

う。

日本の国境の外に日本語圏があったり、ベルギーのように国が二言語に分れているという状態であったら、「政治的境界の人工的側面」がはっきり意識でき、これはあくまでも「政治的問題」であると捉《とら》え得るであろうが、われわれはそうはいかない。

以前グロータース師（注：言語学者でもある親日・知日家の宣教師）が、あるベルギー人が外国で自国の領事館に行ったが言葉が通じなかったという随想を書かれていたが、こういう状態をわれわれは、実際問題としては理解できず、したがってそういう状態が、その国民の政治意識にどう作用するかは理解しにくい。ということは、多民族国家ソビエト・ロシアの持つある種の領土意識も理解しにくく、これが「盤の逆転」ができずに、徒《いたず》らに敵愾心をもやすという行き方になるのであろうと思う――最初に記した「軍歌」以来――。

こういう点において、もちろん私も例外ではない。戦場等で体験的にそうであったと言うだけでなく、青年時代に中東史やローマ史等を読んだときすでに、「領土」についての発想が彼らとわれわれは全然違うことに驚いた。

というのは、ソロモン（注：古代イスラエルの王）は自己の領土の一部を「経済的取引」の対象にしているからである。彼は辺境の領土をフェニキア（注：古代イスラエルの北側・西部に隣接していた国）に売って、資材・技術（とくに造船・精錬・航海術等）を購入し、これを少しも奇妙なことと考えていない。

また西欧の中世の領主は自分の領土の一部を売って十字軍の出征費《しゅっせい》用にあてたり、担保に入れて資金を調達したりしている。

冗談かもしれないが、スエズ運河購入の資金調達にロスチャイルド（注：金融業を手掛ける世界的大富豪。二七四ページの注も参照）のもとに赴《おもむ》いた宰相《さいしょう》ディズレリイ（注：イギリスの政治家）は、「担保は？」と聞かれ即座に「大英帝国」と答えている。戦前の日本では――今も同じかもしれないが――たとえ冗談にも首相が「天皇を担保に入れる」に等しいことを言ったら、たいへんなことになるであろう。

こういうことが平気で言えること自体、当時の私には実に不思議であった。というのは戦前的感覚では、「領土」とは神聖なもの、絶対に守護すべき対象であっても、経済的取引の対象ではないからである。

そして後に、アメリカがアラスカをはじめとする多くの領土を購入によって手に入れたことを知ったとき、その売り手がどうして平気で自己の領土をアメリカに売り得たのか、その心情が理解できなかった。というのは、たとえいかに経済的に有利であっても、自己の領土の一部を他国に売ることは当時の日本人にとっては文字通りの「売国奴《ばいこくど》」であり、こういう発想は、われわれにはないからである。そしてアラスカの売り手は、領土に対して伝統的に最も貪欲《どんよく》だと言われるロシアなのである。したがってその「貪欲さ」はわれわれの執着とは別のものであろう。

となると中国もまたわれわれと違う「領土観」を持っているように思われる。それは香港に対する中国の態度が、われわれの理解の外にある点にも現れているであろう。確かに現状のままのほうが経済的に有利なのであろうが、しかしこの地は、悪名高いアヘン戦争でイギリスが中国から不当にも奪取した植民地であり、したがってイギリスの領有は不当であり、さらに現在の中国は、指一本でこれを取り返せるのである。

だが彼らはそれをしない。この態度はおそらくわれわれには不可能で、取り返せる力を持ったら、すぐに取り返すであろう。それは北方領土問題の論議の仕方を見れば明らかで、「昔なら戦争だ！」といった言葉がある週刊誌に出ていたが、昔だって、ほかの国ならこれだけのことで戦争をするとは、私は思わない。

この眇《びょう》たる（注：きわめて狭い）小島の領有問題が反射的に開戦に結びつくのは、おそらく日本人だけであろう。中国人はそんな発想はすまい。そして中国の香港への態度と、ソビエトの「北方領土」への態度は、まったく別のように見えながら、ともに一種の「人質《ひとじち》」に対するような態度でこれに対処していることも否定できない。

そして、中国の態度の背後にあるものは、文化的境界とは別の、明確な「政治的境界」という意識であり、ディズレリイ以上に堂々と自己の領土を別の形で活用しているのであろう。こういう芸当はおそらくわれわれには不可能で、即座に〝解放〟してしまうであろう。

「北方領土問題」の政治的解決は可能か

以上のように見ていけば、歴史的にも、また現代の実情においても、西欧でもアジアでも、「領土への意識」は多種多様で、みながみな、われわれと同じような意識を持っているとは思えない。

そして交渉とはまず、自己の意識をもう一度捉えなおし、同時に相手の基本的な発想を捉え、その間に何らかの合理的妥結点を求めない限り、すべて不可能なはずである。ただしその妥結すなわち政治的解決は、もちろん、われわれの〝心理的充足〟の手段であってはならないし、歴史的正当性の否定でもない。

「職業としての政治家」の職責は、あくまでも政治的解決を追求することにあるはず、そのためには、可能な政治的手段の追求が必要のはずである。では過去において、北方領土問題解決に、日本の政治家は、何かの手段を追求したことがあるのか。

故鳩山一郎《はとやまいちろう》首相は、ソビエト首脳の前で世界地図を広げ「ソビエトはこんな広い領土を持っているのだから、島の一つや二つと……」といった形で「高所大所」から話せば領土問題は解決すると信じていたそうである。

「政界のお坊っちゃんの善人的発想」かもしれぬが、こういう発想で領土問題に立ち向かった宰相は、おそらく、人類史で彼だけであろう。また田中角栄元首相は押して押して押しまくり、言って言って言いまくったそうだが、それは土地払下げのため、ねばりにねばる政商的土建屋の発想でしかない。これらはすべて、政治的解決の追求ではなく、したがって何も生み出さず、北方領土に対する国民の認識を誤らしただけであろう。

もちろんソビエトのほうにも問題点はあるであろう。しかしそれは、われわれの認識に問題点がないということではあるまい。前記の前提としてまず最初に認識しておかねばならぬことは、一つの政治的結末として生じたある状態の変更は、何らかの政治的成果による以外にないということである。

北方領土が伝統的に文化的に言語圏的（?）には日本に属することの完全な証明が、そのまま何らかの政治的結果を招来することはあるまい。もちろん、このことはその正当性を主張してならぬと言うことではない。今必要なことは、この二つの峻別《しゅんべつ》ではないであろうか。

確かに香港が中国の伝統的領土であり、その文化圏・言語圏に属し、イギリス領としてのその境界は政治的結末にすぎず、しかもアヘン戦争によるその奪取には、弁護すべき正当性は皆無であろう。このことはあくまでも厳然たる事実であり、その主張は当然になされてよいし、なされているであろう。しかし中国人は、その主張がそのまま、政治的結果の招来した状態に直接的に作用せねばならないとは考えていまい。——たとえそれが今すぐ可能であっても。

そして彼らにとってその判断の基準は決して「可能か・不可能か」ではない。そして彼らは、その政治的解決を求めるときに、自己の正当性を根拠づけるため歴史的・伝統的正当性を持ち出すし、そのときは中国もそうするであろうが、その逆、すなわちその主張がそのまま直接的に政治的結末の変更に作用するとは彼らは信じていまい。

政治的境界の解決には、基本的には、政治的解決しかないからである。その際香港に、アヘン戦争で戦死した中国兵の「魂《たま》がさまよって」いるか否《いな》かは、はじめから政治的解決に作用する問題ではあり得ない。

では今の時点で「北方領土問題」の政治的解決は可能なのか、何らかの可能性があるのか。簡単に政治的交渉というが、「日ソ交渉将棋盤」を頭の中で逆転させ、相手の「手」を全部読み切ったうえで、解決には「この一手がある」と、その「指し手」を具体的に説明できる人がいるのか。私の知る限りではいない。

「ない」ということは政治的解決の方法が日本側にはないということである。そして今のような状態が続く限り、おそらく、永久にないであろう。沖縄返還はアメリカ側にもメリットがあるが、北方領土の返還はソビエト側にメリットはあるまい。むしろ、心底ではこれを「解決」としつつ、「未解決」と日本側に思わせておいて、引き出せるだけ何かを引き出したほうが有利なはずである。したがってそうならない政治的具体的方法があるなら政府はこれを国民に提示し、それが「ない」ならば「ない」とはっきり国民に言えばよい。

職業としての政治家ならプロのはずだ。そしてその「ない」から具体的模索がはじまるはずである。あるような、ないようなことを言いつつ、非政治的悲願を強調したところで、それは「政治的解決」にそのまま作用しないことは、言うまでもない。

そしてその声が高くなればなるほど解決は遠のく。それが「遼東」以来、日本が歩んできた道ではなかったのか。

外交に対する日本人の錯覚

裏取引は西欧の常識

中東に関係の深いあるヨーロッパ人と話をした。話題は「イラン石化問題」（注：ホメイニ革命で中断していた、三井グループのイラン石油化学プロジェクトへの日本政府の出資が、一九七九年一〇月に急に決まったこと）である。彼は、今日、日本政府が乗り出すにあたって、どんな裏取引があったのかと執拗《しつよう》に聞き、そんなものはないといっても絶対に信用しない。

アラブと関係の深いある会社の社長さんに会ったところ、同じことが話題になった。この社長さんもヨーロッパで、どのような裏取引があったのか盛んに聞かれ、ついに返答に窮したそうである。

これが西欧の常識なのである。なぜか。イスラムの世界と欧米、また日本の世界とは、契約という概念の基本が違うから、相互契約を結ぶときは必ず裏で、それを保証するなんらかの対策が取られている。

それが武器の供与であったり、自国銀行への預金であったり、その併用であったりする。

もちろん、これ以外にもさまざまな取引があるが、武器はまず不可欠といってよい。そして、契約履行の保証上重要なのはこの点だというのが、彼らの常識なのである。

ところが、日本はそういうことは一切していない。そして、もしこれらのこと、とくに武器の供与などということになれば、新聞はたちまち筆を揃えて徹底的に反対するであろう。そして、その背後にあるものは、日本的な考え方・行き方が世界どこの国へ行っても通用するという錯覚《さっかく》である。

もちろん、通用する国もある。しかし、通用しない国もある。そこで、もし自国の原則をあくまでも守るならば、通用しない国とは初めから交渉をしないほうが安全なのである。そして、もしあくまでも相手との間で真に有効な契約を結んで妥結しようとするなら、相手の基本的な考え方・行き方を理解し、ある程度はこれに即応しなければ、不可能であろう。ではいずれをとるのか？　これはわれわれが「外交」なるものに関して決断を下さねばならない問題である。

もちろん、いずれの決断を下すにしろ、ある種の「覚悟」がいる。そして、もし自国の原則をあくまで通すというなら、それを可能にするための内政的処理が必要とされるであろう。というのは、外交とは、自国の現状に急激な変化を生じさせないため、外に向かって解決を求めることであり、簡単に言えば石油消費を現在のままにするため、あらゆる外交的手段を駆使してこれを獲得しようとする行き方である。

だが、これをするなら、全世界に戦後日本人の考え方・行き方を押しつけることはできず、それを強行すれば失敗するだけである。いわば中東の諸国なら武器による裏取引は不可欠ということである。そして、それを拒否するなら、外の変化に対応できるよう内を改革しなければならず、外交的処理でなく、内政的処理が強く要請されるわけである。

これは、どちらもいやだというわけにはいかない。

では、日本はどちらを得意とするであろうか。おそらく内政的処理に重点を置くほうが得意であろう。そしてこの処理とは、簡単にいえば維持のための改革なのである。

というのは、石油火力を原子力に変えたところで、その改革は社会を現状のまま維持するための改革であっても、社会を変革するための改革ではない。そして、同様の改革が社会の各方面に要請されるであろう。

これを行うほうが日本にとっても、将来のためにプラスになり、無理に下手な外交的手段を弄《ろう》するより、はるかに良策であろう。

もちろん、石油は一定量は必ず国際市場になんらかのルートで出てくるわけで、それの入手には特別の外交は必要としない。

中東をソビエトが占領したらという危惧はあるが、多くの専門家は、たとえソビエトが占領しても、やはり石油は売るし、とくにソビエトはドルを欲しがっているから、近代化が鈍化しはじめたアラブ諸国よりも、増産・販売に積極的であろうとみる向きもある。

したがって、その際にもそれで賄《まかな》える体制をとっていれば、特別な外交的手段は必要ないともいえる。

「外圧」をどう切り抜けるか

日本には外交がないとか、外交が下手だとか、しばしば言われる。しかし問題は常に、世界中に日本人の考え方・行き方が通用するという錯覚なのである。

この錯覚は形は違っているが、戦前にも戦後にもある。そして、国民がこの錯覚から脱却しない限り、外交の展開は初めから不可能であるといってよい。もちろん、細かい点は政府に任しておいてよいわけだが、前記のような決断は国民自らが下すべきであろう。

この問題は中東問題で極《きわ》めて尖鋭に出てきているが、相手が中国であれ、アメリカであれ、またソビエト、西欧であれ、同じことなのである。

したがって、それらの国々に対しても、相手の原則にある程度すら即応していくことができないのならば、いわゆる「外圧」を内政的改革で切り抜けていかねばならない。

しかし、これも、これだけで一〇〇パーセントを処理することは不可能であり、どこに対しては内政的対応、どこに対しては外交的対応という原則も確立しておくべきであろう。それのない外交は、初めから存在しないのである。

海外では通用しなかった実力者の言い分

日曜日は聖日

「田中逮捕」（注：首相退陣後の一九七六年、ロッキード事件により田中角栄逮捕）でふと思い出したのが、実力者という言葉であり、同時に実力者なるものと海外との関係であった。

実力者故河野《こうの》一郎《いちろう》氏が農林大臣のとき、アメリカへ行った。アメリカ側の通訳、いわゆる国務省通訳として河野氏の世話をしたのが、今では国際基督教大学の教授であるF先生であった。

日程は予定通り消化され、明日はいよいよベンソン農務長官との会見、そして明後日朝の飛行機で出発・渡欧ということになった。そのときF先生は、ふとあることに気づいた。

ベンソン長官は敬虔《けいけん》なモルモン教徒、この人たちにとって日曜日は聖日だから絶対に会談などするはずがない、明日は日曜日、今のうちに日程を変更したほうがよいのではないか、と。

そこで河野氏に話すと、彼は一笑に付し、「オレが会おうと言うのにいやだと言うやつがいるはずはない。ましてわざわざ日本から来たのだ。休みで一日家にいて、オレを玄関払いにするはずがない」と言ってきかない。そのうえ「オレは必ず会うから、明日の朝九時に来い」とまで言った。F先生は行かなかった。

月曜日の朝行くと、案の定これから会談、日程変更で火曜日の朝出発だという。だがそうなるまで、彼の周囲は、右往左往のたいへんな一日だったという。

実力者とは結局「言って言って言いまくり、押して押して押しまくれば何でも通る」と信じ切っている人物だということを、F先生は悟ったそうである。

日本ではそれで通るのであろう。そして田中前首相も心底のどこかで、そう信じ切っていたものと思う。だがこれが通るのは日本の国内だけであろう。

「条約の文言」への無関心さ、無神経さ

欧米人の「契約」と日本人の「約束」

日本人には「契約」という概念がないと言われる。これに対して「とんでもない。武士の言葉に二言はなく、江戸時代の町人は必ず約束を守った、一体それでなぜ日本人に『契約という概念《コンセプト》』がないと言えるのか」という反論が必ずある。では一体、欧米人の「契約」と日本人の「約束」とは、どこが違うのか。

グレゴリー・クラーク氏（注：日本在住の学者。日本人論の論客）は「契約は法ですが約束はそうではありません」と言われ、この定義はまさに正しいのだが、契約が法であるということが、また、日本人にピンと来ない。

この場合の「法」とはたとえ人びとの約束から析出されても、その約束した人びとを超越して両者を拘束するものの意味だが、このような発想は確かにわれわれにはないのである。

例をあげよう。今でも英国皇太子はプリンス・オブ・ウェールズという。これはエドワード一世（注：模範議会を召集したことで有名な、在位一二七二〜一三〇七年の英国王）がウェー

ルズ（注：現代のイギリス西北部）を征服したとき、その統治に服さなかったウェールズの人びとに次の提案をしたことにはじまる。

「余はウェールズを征服したが、しかし余は汝《なんじ》らに、英語が一言もしゃべれず、ウェールズ生まれで、しかもきわめて素性の正しい者をおまえたちの君主にしようと思う。おまえたちはこの提案に賛成か反対か」と。ウェールズ人は大賛成、そこでウェールズの議会は満場一致でこの提案を受諾し、それを可決して法とした。

そこでエドワード一世は、ウェールズに伴ってきた王妃から生まれたばかりの子どもを差しあげて、これをプリンス・オブ・ウェールズに任命した。

「契約条項」から見ると、確かに㈠英語はひとこともしゃべれず、㈡ウェールズ生まれ、㈢きわめて素性が正しい、の三条件が成り立つ。

そこで、議会はこのプリンス・オブ・ウェールズに忠誠を宣誓し、その結果ウェールズは実質的に英国の一領土になってしまった。

これが彼らの「契約という概念」であり、「あれ、そんなこととは思わなかった。こりゃペテンにかけられた。オレはそんなペテンには絶対に納得できない」とは言えないのである。したがって契約に違反すれば違反したほうが悪いのである。

契約を順守したか、違反したかの判定は一にその「契約の文言」に基づくわけで、それ以外の条件を持ち出して反対することは許されない。これが契約なのである。

条約もまた「法」

「契約とは法である」ということは、条約もまた、それを締結した両国にとっては「法」であり、条約を順守したか、条約に違反したかは一にその「条約の文言」だけによるのであって他の要素が入りこむ余地はない。

それは、それを締結したときのいきさつが、エドワード一世とウェールズの民との関係とまったく同じであっても、いわば「そんなはずではなかった」と思っても、それによって条約そのものは左右されない。

過去における日本の新聞世論の「条約の扱い方」を見ていくと、それはまことに「伝統的」であって、ウェールズの民のような行き方と非常に違うという事実は否定できない。と同時に「条約の文言」には常に無関心・無神経なのである。

「アンポ」「アンポ」と言いながら、日米安全保障条約と北大西洋同盟条約がどう違うかなどということには、マスコミはまったく無関心なのが現状である。

「契約」をもう一度考え直してみることも無駄ではあるまい。

海上秩序の傘

「英米的秩序の傘」の下に

「核の傘《かさ》」という言葉があり、この言葉が何を意味しているかは多くの人はすでに知っているであろう。しかし、この言葉がジャーナリズムに登場する以前には、人びとは「核の傘」の下にいて、そこで生活しているという意識はなかったに等しい。

それはいわば、空気のように意識されなかったもので、それが意識されだしたのは、むしろ「核の傘」の威力《いりょく》がうすれて、それが本当にあるのかどうか疑わしくなってきてからのことである。

「非武装中立論」に代表される「核の傘」の下の平和論は、「核の傘があるから……」を無言の前提としていたわけで、それは、その首唱者がそれを意識しようと意識しまいと、また意識しつつ隠していようと、現実には厳然と存在する前提であった。そして「非武装中立論」が色あせてきたのは、自らが「傘の下」の下にいい、たのだと人びとが意識したときである。

それを意識したとき、それなき状態における防衛論が何一つなく、この点について、何の基本的発想も確立してなかったことに気づいたわけである。

だが、われわれが「傘の下」にあるのは「核」の場合だけであろうか。それがなくなったら急に「何とかの傘」が意識され出して、それがなくなった状態における基本的な発想が何一つ確立していなかったことに気づくのではないであろうか。したがってそうなる前に、それは「ある」と言わねばならないであろう。

それは公海自由の原則、海上航行自由の原則という世界的秩序の傘であり、同時に外交官特権の相互承認、平和時における在留外国人の自国民同様の法的保護といった原則である。

これらの原則は、だいたい二〇〇年の昔にヨーロッパ、それも主としてイギリスによって確立され、ついでアメリカによって継承されてきたわけで、日本は明治のはじめの開国以来その「英米的秩序の傘」の下におり、これを空気のように、あって当然の状態を受け取る結果になった。だがこの状態は決して空気のように存在するわけではない。

日本にとっては死活問題

戦前の日本はずいぶん無茶をやったように言われるが、この点に関する限りほぼ完全に秩序を守り、自らも秩序維持に参加していたと言ってよい。たとえ真珠湾を叩くことはあっても、米英大公使や在留米英人を人質にするようなことはなく、相互に交換船を仕立てて、中立国のロレンソ・マルケス（注：アフリカ南東部にあるモザンビーク共和国の首都。現在は、マプトと呼ぶ）で相互交換を行い、その往路と帰路はそれぞれ保障するという原則は保持した。さらに日本海軍が海賊的行為を働いたり、平和時にどこかの海峡を勝手に封鎖したり、戦時にも中立国の船舶の自由航行を妨害したりといった行為はない。

だが、長らく守られてきたこの米英的秩序、特に「海上秩序の傘」が、はたして今後も保持されるのか否かは、相当に問題と考えねばならない。と同時に、もしこの秩序がなくなった場合、生活を海上貿易に依存している日本はどうすべきか、その基本的発想は確立しておかねばならない時代が来たように思われる。

というのは、イランにおいて米大使館そのものが人質とされ、パーレビ前国王の引き渡しが要求されている（注：一九七九年のホメイニ革命で、テヘランのアメリカ大使館が占拠され、アメリカに亡命中のパーレビの引き渡しが要求された）。こういったことは、太平洋戦争中の交戦国の間でも、まず類例がない事態だといわねばならないからであり、明らかに、空気のように存在していた一つの世界秩序の崩壊を意味する事態だからである。

この事態を見れば、将来、公海自由の原則や海上航行自由の原則が維持できるか否かは問題で、これは日本にとって実に大きな問題である。たとえば、イランがある種の要求を掲げて、それに応じない者はホルムズ海峡（注：ペルシャ湾とアラビア海をつなぐ海峡。イランやオマーンなどが面しており、石油戦略の要所）の通過を許可しないと言った場合、日本は、それがどのような要求であれ土下座的に応ずるつもりなのか、もし応じたら同様の要求が他の国々からも出て、応じなければ船ごと拿捕《だほ》されるような結果になった場合どうするつもりなのか。

この種の問題提起はもちろんのこと、こういった問題意識さえ日本のマスコミには今までなかったと思う。

公海自由の原則、海上航行自由の原則は、日本にとって死活の問題である。それは、華々《はなばな》しい防衛論争のような起こり得る可能性がきわめて少ない問題でなく、その秩序の崩壊はある意味ではすでに現実の問題となりつつある問題である。

それが起こったときあわてないように、その際はどうすべきかの基本的な発想ぐらいは、国民的合意の下に確立しておくべきであろう。私にはこのほうがむしろ、起こり得べき死活問題と思われるからである。

非核三原則という教義

「前提」と「主語」の置き方しだい

「非核三原則」（注：核兵器を持たず、つくらず、持ちこませず）という言葉は実におもしろい言葉であり、この言葉への「前提」と「主語」の置き方によって、意味がまったく逆になる場合もある。

たとえば「世界が非核三原則を採用することに賛成か反対か」と言われれば（もっともこの場合は「持ちこみ」はあり得ないが）、これに反対の人間はいない。また「アメリカが……」と言えばソビエトは大賛成であろうし、「ソ連が……」と言えばアメリカは大賛成であろうし、「米ソ以外の国が……」と言えば米ソは大賛成であろう。そして以上を算術的に総計すれば、人類全員大賛成ということになる。

前に「文藝春秋」誌で、日本の非核三原則に不賛成の国は一国もあるまいと記したが、なくて当然なのである。ただそれはあくまでも、「前提」と「主語」の置き方による。言うまでもなくこれを自己規定としたのは佐藤栄作首相で、その意味では「一内閣の方針」にすぎないが、これはその時点の言葉だから、「前提」と「主語」をつければ次のようになるはずである。

「日本はアメリカの核の傘の下にいるのだから、自らの意志で核をつくらず、自らの意志で核を持たず、自らの意志で核を持ちこむことをしない」と。

この言葉にアメリカが反対する理由はまったくない。核の持ちこみは「事前協議」の対象になっているが、これも当然で、日本がアメリカと協議せずに自らの意志でフランスから核を購入したというようなことになれば、アメリカへの衝撃はインドの核開発の比ではあるまい。

だがこの「前提」をはずし、ただ「非核三原則」のみにすると「日本は非核三原則があるのだからアメリカの核の傘の下にいるべきではない」という形にもなり得る。事実その種の主張もあるし、その主張があることを外国も知っているらしい。

佐瀬《させ》昌盛《まさもり》氏（注：国際政治学者）は「……外国のリーダーやオピニオンリーダーの間では、現在の日本が非核三原則の堅持を叫んでいるからこそ、将来の日本は核保有国になるだろうとの、われわれにとってはすこぶる心外な臆測がまかりとおる」（「Voice」一九八一年七月号）と述べておられる。

こうなると非核三原則とは核大国になるための前提ということになるが、この見方の背後にあるのは「日本は非核三原則でまずアメリカの核の傘をはずし、ついで自己の核の傘を持つつもりであろう」という見方である。

もちろんそう見られることは「心外」であろうが、同時に「そうではない。日本人はもちろんこの地球上に住むが、核の傘なしに住みたいのだ、それは人類の願いではないか」と言えば、「御説ごもっとも」と言うであろう。だが前記の「臆測」は消えまいし、この言葉にも納得はすまい。

なぜか。理由はそれを信じ得ない「客観的状態」という前提があるからである。そして人がこれを信用する場合は、その「客観的状態」を変え得るシステムを提示した場合に限られる。そうでない限り、この発言もまた、人はライシャワー発言（注：元駐日アメリカ大使のライシャワーが、日米了解の下で米海軍の艦船が核兵器を搭載《とうさい》したまま日本の基地に寄港していたと、一九八一年五月に発言）を信用して政府の発言を信用しないのと同じ状態となってしまう。

個人であれ国家であれ、自己の内的規範だけでなく、外的規範ないしはそれと同じように作用してくる客観的状態による規制の下に生きている。そして、この内と外との併行主義《パラレリズム》は成立しない。成立しないがゆえにその接点をどこに置くかという問題が出てくる。

またある種の外的条件たとえば「アメリカの傘の下にいるのだから……」を言葉の上でだけはずして「核の傘を除くために……」とすれば、同じ原則もまたまったく別の意味を持つ。

そしてその意味を現在の外的条件の下に理解すれば前記のような「臆測」が生ずる。

というのは現在の客観的状態の外にいる国は現実には存在しないからである。そのためこの点をあやふやにしていくと、客観的状態の接点は常にあやふやにしておくか、フィクションにしておくか、そのいずれかでないと処理できない。


認める・認めない・黙認……


朝日新聞（一九八一年六月一四日）の「本社全国世論調査・76パーセントが非核三原則支持」は実におもしろい。まずこのアンケートは前述の「前提」をはずしているから、「非核三原則への賛否」で「賛成76パーセント」といっても、これが「いかなる前提に基づく賛成」なのかは明らかでない。

というのは、質問が「あなたは『核兵器をつくらない、持たない、持ちこませない』という日本の非核三原則に賛成ですか。反対ですか」であり、この質問には㈠「日本はアメリカの核の傘の下にいるのだから……」という前提もつくし、㈡「日本はアメリカの核の傘の下にいるべきではないから……」という前提もつく。したがってこの七六パーセントがどのような前提で答えているのか明らかでない。

佐瀬氏が指摘しているのは、外国ではこれを㈡の前提で受け取られ、したがってこの原則は「未来の核大国をめざす現在の便宜的主張」と見ているという指摘である。だが現実にはどうなのであろうか。

これを「あなたは、日本の安全保障のためには、アメリカの核兵器の力にたよることが必要だと思いますか。そうは思いませんか」と対比すると、「必要ない41パーセント」となっている。一方「非核三原則反対14パーセント」とあり、これは「自分の力で核を持つからアメリカの核の傘はいらない」の意味とするなら、この「41パーセント」に含まれる。

すると残りの二七パーセントはどうなのであろうか。これはわからない。「ソビエトの核の傘に入れ」「無核でかまわない」その他、さまざまであろう。しかし、「アメリカの核の傘必要45パーセント＋不要で、自らつくれ14パーセント」とすると五九パーセントは「核の傘」必要論者なのである。

そうなると「日本はアメリカの傘の下にいるべきでないから……」という前提で「非核三原則」を読めば、アメリカの核の傘必要論者の四五パーセントは、いつ「つくれ」論者になるかわからないという見方は当然に出てくるし、出てきて不思議ではない。では、はたしてそうなのであろうか。それはこのアンケートからはわからないが、「『核持ちこみ』への態度」のアンケートから、ある程度は推定し得る。

これは「持ちこみを認める10パーセント・三原則を守るが寄港通過程度は認める33パーセ

ント・三原則を守り寄港通過も認めない47パーセント」となっている。

ここで問題なのは、「認める」という日本語である。たとえば戦場などで「敵影を認めるや」「認めず」という意味の「認める」なら、すなわち「核影を認めるや」なら、七九パーセントは「政府の説明を信じない」のだから、「認める」であろう。一方「認める」には以上の意味のほかに「承認する」の意味もある。『「核持ちこみ』への態度」をこの「承認」「不承認」として読むとどうなるであろう。

「㈠持ちこみを認める10パーセント・㈡寄港通過程度は認める33パーセント・㈢寄港通過も認めない47パーセント」、「持ちこみ」「寄港通過を認める」の㈠㈡で四三パーセントだから「認めない47パーセント」のほうが四パーセント多いことになる。

この場合の問題はこの「認めない47パーセント」にあるであろう。「敵影を認めるや」の「認む」が七九パーセントだから、この双方を対比すると、この四七パーセントの人も「核影」の存在は認めている。ということは、この「認めない」は「そういう事実があることは認めるが、私は承認しない」の意味に解する以外にない。

簡単に言えば、息子ベッタリママの反対を無視して勝手に結婚した息子に、「私は絶対その結婚は認めないません」という意味の「認めません」である。ではこの「認めません」は現実にはどう機能するのであろうか。「認めます」は「承認」だから何もしないでよいわけだが

「認めません」は「否認」だから、それを承認しうる状態にするため何らかの強制的手段が必要のはずである。

ところがこの四七パーセントは、何の手段も実質的に行使していないし、行使しようという意思表示もない。そしてこういう状態を日本語では「黙認」と言う。

「いや私は絶対に黙認しない」と言うなら、「政府は核積載の可能性のある一切の艦艇の寄港を拒否せよ」「領海に入る直前の公海で一切の艦艇を臨検せよ」といった「外国船打ち払い令」に等しい主張にならざるを得ない。そうでないなら、「絶対にママはそれを認めません」と言いつつ「黙認」するのと同じであり、こうなるとこの問題は、それを主張する各人の「内心で解決すべき問題」となっても、現実には何も機能しなくなってしまい、実際は「精神衛生上の問題」になってしまう。

「割り切れない」行き方

このことをアメリカは案外鋭く見抜いている。「核兵器を積んだ米艦船が、米側の権利だなどと鳴物入りで寄港するのでなければ構わない、と考えているようだ――核持ちこみ問題に関する日本の意識を分析するニューヨーク・タイムズ紙」（「週刊文春」）。

前の例で言えば、「絶対に承認しない」と言いつつ「黙認」しているベッタリママの前で、あまりチャラチャラしてその神経を逆撫《さかな》でするようなことはしないほうがいいということであろう。このことは朝日の「天声人語」氏が「カサをさしのべてやってるんだ、いうことをきけ、というのは核のカサをカサに着た威圧、カサにかかったおごりであります……」と言いつつ、「核のカサがほしくないのか」という問いに本質的には「イエス（ほしい）」と言っていることにも表れている。これは「黙認」の典型的状態なのである。

朝日新聞は「女性のほうがきびしい」と記しているが、以上のように見れば女性のほうがきびしくて当然であろう。そして朝日も別に「認めない」ための強制的対抗手段を提示して、それを実行せよと主張しているのではないから、「認めないが、黙認する」という態度と見ざるを得ない。

では一体、日本政府と朝日新聞と、その態度は、本質的にどこが違うのだろう。結局は同じではないのか。新聞は政府を批判するようなことを言いつつ、実際は政府と同じなのである。

なぜこうならざるを得ないのか。その基本的な点をもう一度取りあげてみよう。創価学会の人は「われわれは社会に対して何の悪意もないのに、なぜ、こんなに叩かれるのだろう」と言う（注：当時「創価学会問題」として、政教分離の憲法の原則に違反しているか否かが取り沙汰されていた。なお、ここで創価学会が登場するのは、この問題を連載で論じていたが、ライシャワー発言があったのでテーマを少し変えたため）。これは日本人が「われわれは非核三原則・平和国家・文化国家をめざし、『すべての国と仲よく』を標榜《ひょうぼう》し、常に平和を願っているのに、なぜ世界中から叩かれるのであろう」というのと似ている。

また「聖教新聞を読むとまったく別の世界を見るようで気味悪い」と言う人もいるが、一方、海外にいて日本の新聞を読むと「ウーム、国際的常識の通用しない別世界だな」という気がする。これは簡単に言えば、共に「対話の方法がない相手」ということなのである。なぜであろうか。

理由は簡単である。これは内的規範と外的規範の接点に、また自己規定と客観的状態の規制との接点に、いかに対処すべきかという意識がなく、したがってその際の原則がないからである。「内的規範と外的規範の峻別《しゅんべつ》」というパウロ的な（注：新約聖書の「ローマ人への手紙」七－二二に、パウロの「内なる人としては神の律法を尊んでいるが」などの言葉があるように、パウロは「内なる人」と「外なる人」を峻別した）「民主制の原則」がないからであろう。

そのためわれわれは内外一体化して「割り切る」という伝統を持っている。なぜこの伝統ができたかは後述するとして、この「割り切る」伝統から見ると、「内的規範と外的規範」の峻別とはまことに「割り切れない」行き方なのである。

その「割り切れなさ」を例にあげて説明しよう。たとえばアメリカ憲法は「思想・信教の自由」を保障している。人間はいかなる「内的規範」を選択しようと自由であり、それに基づく行為も「外的規範＝世俗法《シビル・ロー》」にふれない限り自由であって一切干渉はない。

たとえばアーミッシュ教徒（注：キリスト教のアナバプティスト＝再洗礼派の一派）のように、電気・電話・自動車等を一切拒否して一八世紀的な独自の生活規定に基づく生活をしつつ、自分たちの機関紙しか読まなくても、いっこうにかまわない。もちろんイスラム教徒もいる。彼らもまた独自の教義を持ち独自の生活規定通り生きてよいのだが、「四人の妻と合法的に結婚する」ことはできない。といっても、それは決して「教義の否定」ではない。「四人の妻を持ち得る」という「教義を持つことは自由」で政府は決してそれに干渉しないが、「行為の規範」としての世俗法《シビル・ロー》は行為としてはそれを認めないということである。

だがこの行き方は、まことに「割り切れない」行き方なのである。いわば、四人の妻と合法的に結婚しようとしてもそれを認めないのに、「では、おまえはコーランを否定するのか」と言われれば「そうではない」とは言わないという、いわばこれが「境界」もしくは「接点」であって、双方ともそれを越えないということが民主制の基本なのである。

ところが創価学会のある行為を批判すると、たちまち「日蓮《にちれん》大聖人を批判するのか」といった反論にもなる。もちろん「折伏《しゃくぶく》の教義」を「内的規範」として持つことは自由であり、「そういう教義を持つことは許されない」などとは何人も言い得ない。他者の信仰の内容や教義は、その宗教宗派に関係ないものは一切タッチしてはならないことは、内村鑑三の示す通り（注：内村鑑三著『余《よ》の耐えられぬ事《こと》』に、「他宗を説伏《せっぷく》すると称するがごときは愚の極、不法の極云々」とある）であろう。

「創価学会の教義は憲法に違反する」などという批判は、そう批判する者が民主制の基本を知らないというだけのことである。しかし「折伏に基づく行為」が「世俗法《シビル・ロー》」にふれれば当然に処罰される。行為そのものは、その人間の内的規範に関係なく、外的規範＝世俗法《シビル・ロー》で規制される。しかしそのことは「教義の否定」ではない。

これまた、まことに「割り切れない」行き方である。割り切れないとは、つまりここが接点であり、相互にこれを越えないのが民主制の原則であろう。

外交が成立しなかった戦前を、戦後も形を変えて継承

このことは日本国の自己規定と、国際法・条約・国際慣行といった外的規制および客観的状態の間でも成立する。

非核三原則は日本国の自己規定である。日本国が自ら自己規定を持つ権利があることは、国家主権が存在する限り当然であり、他国はこれに干渉し得ない。しかも非核三原則という自己規定は世界いずれの国であれ反対はしていない。しかし、この自己規定と外的規制の間

にも接点がある。それが端的に出てきているのが「寄港と領海通過」の問題であろう。

そこで「三原則を守り寄港通過も認めない」をベッタリママの「黙認＝承認」と理解せず、字義通りに受けとれば、「そのためには日本は国際法・国際慣行という外的規制を無視しますよ」という「宣言」になってしまう。

確かに各国は主権に基づく自己規定を行うことができるが、この自己規定とは無関係に、少なくとも平和時には国際間のルールは存在する。その客観的状態もまた否定できず、この内的規定と外的規制の間の併行主義《パラレリズム》は成り立たない。そしてこのことを理解しなければ、創価学会が一般社会から叩かれるように、日本国が世界中から叩かれても致し方はない。

では一体なぜこの「内的規定と外的規制の接点」という感覚を持ち得ないのであろうか。この感覚がなければ、「外交」は初めから成立しない。その点では戦後もまた、外交が成立しなかった戦前を、形を変えて継承している。

明治は内的規範と外的規範を峻別する社会をつくり得ず、結局、教育勅語《ちょくご》（内的規範）と帝国憲法とそれに基づく法（外的規範）が、共に天皇より出ているという内外併行主義の社会をつくりあげた。もちろんこれは日本独得の行き方でなく、西欧の外型をした中国型（変型朱子学的）世界であろう。

確かに中国では、内的規範も外的規範も共に聖人＝皇帝から出ている。といっても実態は決してこのように単純ではないが、山崎闇斎《やまざきあんさい》にはじまる尊皇思想家はそのように単純化して受け取り、それを基とする尊皇イデオロギーが明治維新の原動力だったわけである。

この原動力に基づく体制は結局チェンバレン（注：イギリス人の日本学者）の言う「新宗教の創出」となった。もちろんこの言葉には問題があり、それは決してホメイニ革命のように内的規範（イスラム教）と外的規範（イスラム法）が併行主義的に一致する体制ではなかったが、それときわめて似かよった機能をする社会となった。

この内的規範と外的規範が自動的に一致する世界は、まことにはっきりと「割り切れる」世界であり「教育勅語を自己の内的絶対的規範にしていれば、帝国憲法に基づく法律にふれることはあり得ない」と信じられた世界であった。

ただ大正時代は必ずしもこれが明確でなく、ちょうどイランのバザルガン・バニサドル（注：一九八〇年に初代大統領に選ばれたが、ホメイニ派からも、以前のパーレビ派からも「ハッキリしない」と批判された）的状態であったが、昭和になってこの内外規範の併行主義《パラレリズム》は強行され、「思想犯」という言葉が存在するようになった。ある種の思想を持つこと自体が犯罪なのである。と同時にホメイニのイラン同様「外交」はなくなり、思想・信教・言論・出版は徐々に、この併行主義《パラレリズム》の線で統制されていった。いわば「教育勅語が厳然と存在する日本には思想問題は存在しない」と文部大臣が言明した時代である。

ホメイニ体制にも「思想問題」は存在しない。と同時に共に「外交」も存在しない。日本が内的規範と外的規範とを接点なき併行関係に置いたことは、その一体化した規範と客観的な国際社会との間の接点をも見失わせ、それは結局、「八紘一宇《はっこういちう》」という妄想《もうそう》となり、それを全世界に広げるという自己規定と外的規制の併行主義《パラレリズム》へと進んでいった。そして敗戦である。

欠落している発想

だが敗戦も決して「内的規範と外的規範の峻別」という考え方を生まなかった。併行主義《パラレリズム》が逆方向に作用したにすぎないのである。それが民主制《デモクラシー》を民主主義と受け取り、「国民全部が民主主義者にならねばならぬ」となり、新憲法はいつしか「教義」となって、まるでこれが各自の内的規範であらねばならぬような行き方になった。「新憲法の精神」という言葉がよくこれを表している。

天皇が「内外併行の絶対的規範」の授与者として現人神《あらひとがみ》になったように、憲法そのものが、佐藤誠三郎氏（注：政治学者。中曽根内閣のブレーン）の指摘されるように「物神化」した。それは「世俗法《シビル・ロー》」の基本を定めたものの枠を越えており、そこで「創価学会の教義は憲法に違反する」などという、民主制のもとでは考えられぬ批評さえ生んだ。

これは憲法を教義としない限りあり得ない言葉だが、教義には常に「解釈権」という問題がある。この解釈権を誰が持つかは、その宗団の基本にかかわる問題である。では「物神化した新憲法の精神」という教義《ドグマ》の解釈権は誰が持ってきたのか。少なくとも現在までは、それをまるで新聞が持っているかのような状態であった。否、少なくとも新聞人はそう信じて疑わず、国民の内的規範は新聞の「新憲法教義解釈」通りであらねばならず、それに違反したと見た者を「思想犯」として糾弾した。

このことは渡部昇一氏の「〝検閲機関〟としての朝日新聞」（「文藝春秋」一九八一年七月号）に如実に表れている。比喩的《ひゆてき》に言えば一種の「新聞本仏論」であり、「新聞＝正法」で「渡部＝邪法」であろう。だがこの状態への「大衆の叛逆《はんぎゃく》」もまた起こっている。

それをある程度率直に口にしているのが今津弘《いまづひろし》朝日新聞論説副主幹であろう（「朝日ジャーナル」一九八一年六月五日号の座談会記事）。次に引用させていただこう。

「国民感情についていえばいまのところ、反応は大衆運動という形ではなく、われわれを含めた新聞の批判が先行するという形で出ているのであって、われわれもまたこの問題について、一体一般の人はどう考えているのだろうかという疑問に常につきまとわれている。確かに、世論調査を見れば、やはり核は持つべきでないという答が圧倒的に多い。しかし……」

確かに「しかし」なのであり、その「しかし」は、結局「『承認』と『默認』の違いにすぎない」という前述の分析が示す状態であろう。

しかし一方、朝日の社説には「核の寄港を認めれば、次はこうなる、次はこうなる」という、前に私が「なるなる論」と記した主張も出ている。この主張もまた自己規定と外的規制の接点をどこに求むべきかという発想がまったくなく、このことに関する限り戦前の軍人と変わりはない。戦前の軍人は「なるなる論者」であり、したがって「一歩も退《ひ》くな、退くとずるずるだめになる。絶対に妥協するな」であった。

ロンドン軍縮会議（注：一九三〇年に開かれ、巡洋艦などの補助艦の対米保有比率が案件であった）で、対米七割と六・七五割の差、わずか〇・二五割でも一歩も退くなであり、また「日支国交調整三原則」という中国にとっては苦渋《くじゅう》に満ちた妥協案を蔣介石《しょうかいせき》が内示したのに「一歩も退くな」で、「満州問題を不問に付する」を「不問に付してやるとは何ごとぞ、満州国承認とあらためよ」と「断固一蹴《いっしゅう》」したが、それは結局「そこで一歩退けば次はこうなる、次はこうなる、次は……」の「なるなる論」であった。

結局これは、内的規範↓外的規制の併行主義《パラレリズム》を信ずるものは、また外的規制↓内的規範の併行主義《パラレリズム》も信ずるということなのである。そしてそう信ずる限り、自らがそう行動するから、そうなって当然である。この内外相互併行主義は戦前・戦後の交代期に字義通りに起こっている。

内的規範（教育勅語）↓帝国憲法に基づく法＝国内の内外規範一体化↓それの外への併行主義的拡張は終戦とともにそのまま逆転し、外から内への、アメリカ軍の進駐↓民主制という制度の変革↓新憲法とそれに基づく法↓憲法の物神化↓物神による教義化↓内的規範化、それに違反したと見た者への〝思想犯的・邪法的存在への創価学会的糾弾〟という形になっている。そしてこの外から内への併行主義はそのまま逆転して、内から外への併行主義になっていく。

これはある意味では明治から昭和へとたどった道そのままなのである。そのためこの点での非常識さは残念ながら今も変わらないため、内的規定と外的規制の接点という発想さえあれば「ごくあたりまえのこと」を、何やら大事件のごとく、集団ヒステリーのように騒ぐという異常現象を起こしてしまうのである。

ライシャワー発言について電話でコメントを求められたとき、私はただ一回だけ次のように言い、それ以上は何も言わなかった。

「非核三原則？　何の問題もないでしょう。『非核三原則を堅持する。しかし非核三原則を堅持するということは、それによって国際法・国際慣行・締結した諸条約を無視するということでない』。これは二〇世紀の国際社会に生きる以上あたりまえのことであり、同時に外交上の常識でしょう。戦前は確かにそうではなかったが、私は戦後の日本人がそれがわからないほど非常識ではないと思う。というのはいずれの国の政府がどのような方針を堅持しようと、『それによって国際法・国際慣行・締結した諸条約を無視するものではない』という『但書き《ただしがき》』が、たとえ書かれてなくても、ついているのはあたりまえですから。こんな『あたりまえ』のことをわざわざ言わにゃならんのですか」と。

これを「あたりまえ」としてはじめて、自己規定と外的規制の接点をどこに求むべきかという発想になり、そこではじめて「外交」が存在し得るのである。その発想が新聞には内外ともに欠落している。問題はそこにあるであろう。

第二章　日韓双方の錯覚と妄想

四〇〇年前の韓国人が見た日本――三年ほど日本に抑留された韓国の文官が残した記録『看羊録』に、両国のどうしても理解できない関係、誤解を生む土壌が示されている。さらに徳川時代の『両国壬辰実記』の日韓の対比に、もつれる様子が如実に描かれている。

日韓問題はここから

絶妙な日韓比較論

経済人として韓国の経済や文化を正確に把握《はあく》するため、最も手ごろな読みやすい本はないかと問われても、意外なほど少ない。

ただ、私は、この質問を受けると、「自信を持っておすすめできるのはこの本です」と言って金日坤《キムイルゴン》著『儒教《じゅきょう》文化圏の秩序と経済』を示す。だが貸さないことにしている。というのはこの本を貸すと絶対に返ってこないので、いま私の手許にあるのは何冊目かわからないからである。

発行所は名古屋大学出版会、これは金日坤教授が名古屋大学の客員研究員であったからであろうが、大学出版会はいずれもあまり商売熱心でなく、そのためか、この名著がほとんど世に知られていないのは残念である。

本書が日本人にわかりやすいのは、経済的に見た日韓比較文化論、ないしは日韓比較経済史論になっている点で、日本との対比によって韓国の特徴がよく理解でき、同時に韓国との対比によって日本の特徴も把握できる点である。こういうことができるのは、日韓両国を通じて金日坤教授だけであろう。

私にとって興味深かったのは、徳川幕藩体制下の日本と、李朝《りちょう》（注：李成桂《イソンゲ》を初代とする王朝名。一九一〇年まで五〇〇年以上続く）中央集権下の韓国との比較である。

幕藩体制下では、諸藩は原則として独立採算制であるから、各藩は否応《いやおう》なく殖産興業《しょくさんこうぎょう》を考えざるを得なくなる。同時に貨幣経済の浸透によって、年貢《ねんぐ》として収納した産物を売却せざるを得なくなる。

この集散地が大坂で、これらの産物を扱う町人が栄え、町人文化が生ずる。本書はこの町人文化も大都市も韓国になかったことを明確に指摘している。

歴史的対比による考察が求められている

韓国では、源 頼朝《みなもとのよりとも》による幕府制の創設にやや遅れて、一三九二年、李朝が成立した。高麗《こうらい》の末期は相当に分権化していたが、李朝は幕府とは逆の方向、すなわち中央集権的律令体制を徹底化し、日本の公地公民制と同じような王土制を採用し、地方官は任命制にした。

そして分権化が生ずるのを防ぐため、相避制を採用した。そして任命制では、郡の行政官の「守令《スリョン》」は一八〇〇日（四・九年）、県知事にあたる「観察使」は三六〇日から二年までで、極端に任期が短い。

また相避制は、地方官は絶対にその出身地の地方官には任命しないという制度である。これは、韓国は血族集団が強固で、かつてはこれが一地区に住んでいたから、一族の一人が地方官に任命されてくると、上下が団結して反乱を起こしかねない、それを防ぐためであった。任期が短いのも同じ理由である。

これによって李朝は、五〇〇年にわたって反乱なき韓国を支配し得た。また中央政府の制度も、外見的には実に組織的に整備されたもので、幕府のようにはたして体系的な制度や組織があったのか、と思わせるような状態ではない。

これは確かに一面ではプラスであり、韓国は、外敵には苦しめられても日本の戦国時代のような、父が子を殺し、部下が上役を殺し、また土豪も守護大名も相互に殺戮《さつりく》しあうような、下剋上《げこくじょう》的な混乱は生じなかった。

だが、徳川家康という大収拾家によってこの事態に終止符が打たれ、分権化はそのままにして参勤交代として中央がこれを統制して秩序を確立し、二六六年にわたる平和が持続すると、事態は一変した。

諸藩は否応なく経済的発想を持たざるを得なかったが、短期の任命制と相避制の下にある韓国の地方官は、そんなことはまったく考えなかったし、考えても何の方策もあり得なかった。

このようにして両国は一九世紀を迎え近代化に対処せざるを得なくなった。その対策への両国の違いは本書で詳しく述べられている。

もちろん問題は以上に記したことだけではない。科挙《かきょ》の問題、朱子《しゅし》の理気論（注：宇宙は「気」に満ちており、その離合集散をつかさどるのが「理」（構成原理）という考え方）や礼論の韓国と実学的な日本等々、さまざまな問題が、まことに簡潔的確に、日韓両国の比較の上で記されている。

両国の将来を思うとき、歴史的な対比に基づく本書のような考察が必要であろう。

『看羊録』の日本

韓国人捕虜が日本人を分析

『看羊録《かんようろく》』についてお話をいたします。『看羊録』と言ってもご存じではない方が多いと思いますが、実はこの本は今度やっと日本で翻訳出版（注：一九八四年一二月刊行）されて、東洋文庫から出ておりますから、今なら誰でも買って読めます（注：この書名は、著者の姜沆《カンハン》が『巾車録《きんしゃろく》』と題していたのを、巾車とは罪人が乗るものなので、後に弟子たちが改題・編集した次第。「看羊」とは、漢の時代の中国の蘇武《そぶ》が、遊牧民族の匈奴《きょうど》に囚《とら》われても屈せず、一九年間も荒野で羊の番などでの抑留生活をした故事に基づく）。

これは姜沆という人が豊臣秀吉の朝鮮征伐《せいばつ》、これは文禄《ぶんろく》、慶長《けいちょう》と二度あったわけですが、慶長の役《えき》のときに藤堂高虎《とうどうたかとら》の水軍に捕えられて捕虜になり、約三年間ほど日本に抑留されておりましたときの記録です。

この人は韓国の文官ですが、たいへんな学者で、七歳で『孟子《もうし》』を暗記し、八歳で『資治《しじ》通鑑綱目《つがんこうもく》』（注：中国の歴史書の大著）を読んだという秀才ですから、捕虜と申しましても相当自由であったようで、いろいろな大名たちと会っております。それから、藤原惺窩《ふじわらせいか》（注：儒学者）と非常に仲よくしておりまして、惺窩とは師であり、友であるという位置におりました。

惺窩から頼まれて多くの本を写し、報酬として多額の銀をもらったと自分でも書いておりますます。三年間、日本に抑留されていて、わりあいに早く帰れたのですが、それも惺窩の運動があったからだろうと言われておりますし、自分でもちょっとそういったことを書いております。

『看羊録』は、抑留された一五九七年以降の著ですから約四〇〇年前に、韓国人が見たそのころの日本および日本人のことを書いているわけで、たいへん詳しく日本のことを調べておりります。なぜこんなに詳しく一生懸命調べたのかと申しますと、彼は日本の侵略がもう一回あるのではないかと考えておりました。

これはだいたい五分五分に見られておりまして、ある人はないと言うし、ある人はもう一回あるかもしれないと見ておりましたので、そのときに備えるために、日本の実情をなるべく調べておこうという気があったのだと思います。

内容は「賊中封疏《ぞくちゅうふうそ》（賊中からの上奏文《じょうそうぶん》）」、その次が日本の見聞録である「賊中聞見録」、その他となっております。それを彼の死後、弟子が全部編集して『看羊録』という本にしたわけです。

外国人が当時の日本を書いたものでは、キリシタンの宣教師が書いたものもありますし、その他いろいろありますが、韓国人が書いたものでいちばん古く、すぐ入手できるのがこれでしょう。隣国であり、戦争をしている最中ですから、当然、日本に好意は持っていない。好意は持っていないので、日本をたいへん野蛮国と見ているわけです。しかし一面において、日本人の特徴を非常に鋭く見ているところがあり、この点ではたいへんにおもしろい本です。

まず、両国のことを少し頭に入れておかないと、この本はちょっとわかりにくいところがあります。韓国は小中国とか小中華という言葉があるぐらい徹底的に中国化した国で、人によっては一一〇パーセント中国人だという人もおります。中国はたいへん奥深いところがあるので、必ずしも儒学通りにはいかない面があります。

韓国の人は非常に生真面目《きまじめ》なところがありますから、文字通り朱子学通りの体制をつくったと同時に、朱子学以外の学問を全部禁じている。こういうところがあるわけです。陽明学《ようめいがく》（注：明《みん》の時代の中国で王陽明が唱《とな》えた知行合一《ちこうごういつ》の儒教）ですら禁じていました。

ですから、儒学に基づく政治体制が完備しておりまして、両班《ヤンバン》といって文班《ムンバン》、武班《ムバン》の二つあるのですが、科挙という官吏登用試験を受ける受験資格のある家がそれであり、そこから試験を受けてはじめて官吏になれる。非常にむずかしい試験を受けないと国政にタッチできないという、たいへんに整った体制ができております。したがって、科挙の試験に通った者はみんな非常な勉強家で、たいへんな秀才ということになります。

姜沆自身がそうでありまして、彼は二七歳で科挙の試験に受かっているのですが、何しろ七歳のときに『孟子』を暗記してしまったというような秀才ばかりです。文班というのは文官で、武班というのは武官、日本で言う軍人ですけれども、武班のほうですと、「武経七書《ぶけいしちしょ》」と言われる中国の兵法に関する七冊の本、有名な『孫子《そんし》』とか『呉子《ごし》』『六韜《りくとう》』『三略《さんりゃく》』『司馬法《しばほう》』『尉繚子《うつりょうし》』『李衛公問対《りえいこうもんたい》』といったものは全部暗記しているというようなたいへんな秀才です。

なぜ鈍才に秀才が負けるのか

ところが、日本に来てみますと、驚いたことに日本人は文字が読めない。文字が読めないという意味は今で言う意味とちょっと違いまして、仮名混じり文は読めるのですけれども、漢文は全然読めないということです。読めなくて当然だったと思います。

徳川家康がいちばん勉強家だといっても、彼は自分で漢文がスラスラ読めたわけではありません。有名な『貞観政要《じょうがんせいよう》』なども藤原惺窩について読んでおりますから、みんなそういう人について読むのが普通で、それ以下の武将になりますと漢文などはみんな読めません。ですから、「武経七書をみんなうやうやしく持っているけれども、最初の一行が読める日本人は一人もおりません」と書いております。

彼の一つの疑問点はそこにあって、日本の武将は韓国で試験を受けますと、こういういちばんの基本図書すら知らないのですから、みんな落第するに決まっているわけです。向こうの人たちはみんなそれを知っている秀才ばかりである。では、いったい戦争をしてなぜ負けるのだろう。こんな鈍才に秀才がなぜ負けるのか。

少なくとも机上《きじょう》の兵学は向こうのほうがはるかに上なのに、実際に日本が侵入していったときは約一五万と言われるのですが、これに対して為《な》す術《すべ》がない。全然方法がない。いったいなぜだろうかということが姜沆の一つの問題意識として出てまいりまして、そこで日本人とは何であろうかということを一生懸命探り、いろいろな特徴をつかんでおります。それがたいへんおもしろい点です。

もう一つ、彼は非常に正直に書いております。当時、捕虜になって来た韓国人がずいぶん多かったのです。いったいどれくらいいたのか、今ではもうわかりません。彼は藤堂高虎によって捕虜になって伊予《いよ》（注：愛媛県）に送られますが、伊予に着くとまず文禄の役のときの捕虜が数千人いたと書いております。

彼は何とかして故国に帰りたいという気があって、何回も脱走しては捕まるのですが、みんなに帰ろうと言っても誰も帰る気がない。とくに最初の文禄の役で捕虜になった者は、慶長の役のころになると故国に帰る気がない。慶長の役で捕虜になった者はさすがに帰りたい、帰りたいと言っているけれども、文禄の役からほんのわずかの間、日本に住んでいた人間は、もう日本から帰りたがらない。こういうこともわりあいに正直に書いております。

それはなぜだろうか。たいへんにおもしろいのは、彼はそれをはっきり書いておりませんけれども、韓国における身分制が日本にないということです。それから、日本人は何らかの技量があればすぐ抜擢《ばってき》をしてくれる。この二つによるのだろう。

たとえばそのとき捕虜になってきて、今までその家系が続いているとわかっているのはおそらく、鹿児島の沈壽官《ちんじゅかん》第十四代ぐらいだろうと思います。薩摩焼きの窯元《かまもと》ですけれども、今でも沈壽官という名前でおりまして（注：戸籍上は大迫恵吉《おおさこけいきち》）、非常な名人です。島津義弘《しまづよしひろ》が彼を連れて帰ってきたわけですが、日本に来るとたちまち士分お取り立てになります。

これは韓国には絶対にありません。科挙の試験に通らなければ士になることはできませんから、土をこねている人間がいきなりそういうふうにお取り立てられるということはないわけです。それで本陣（注：代官などが支配地を統治するための屋敷、つまり自宅兼役所。軍事的な施設はない）の経営を許される。それから、参勤交代のときには必ず第一夜はそこで泊まるという伝統ができます。そして以後はずっと、窯元であると同時に本陣を経営して、しかも身分は侍《さむらい》であったというおもしろい位置にいます。

彼のひいおじいさんがつくったという花瓶を見せてもらいました。これは天璋院《てんしょういん》篤姫《あつひめ》（注：第十三代将軍徳川家定《とくがわいえさだ》の夫人。結婚前は島津斉彬《しまづなりあきら》の養女）が徳川家に嫁入りをするときに持ってきたという、一メートルぐらいの高さの大きな花瓶ですけれども、実に見事なものです。それだけの技量がありますと、すぐ特別待遇をしてくれる。

ところが韓国ですと、こういう人たちは百工巫医《ふい》といって、職人、まじないをする人間、医者をみんな同じに扱いまして、絶対に官僚なんかにはできない。士には絶対になれませんで、専門的技能者の社会的価値はあまり認めないという点があります。しかし、日本人はそうではない。

彼はたいへんおもしろいことを書いておりまして、「日本では何でも天下一になればそれなりに認めてくれる。だから、何の天下一もあるのだ。材木を結ぶ天下一もいるし、屋根を葺《ふ》く天下一もあるし、壁を塗る天下一もある。何でも一芸一能に秀《ひい》でればそれでよろしい。こういうおもしろいところがある」と指摘しております。だから、陶器を焼くのが日本一ならば、それはそれで社会的に認めてくれる。材木を結ぶというのは何のことかよくわからないのですが、筏《いかだ》のことだろうと思います。これでも日本一になればそれはそれでよろしい。日本人は技能を非常に尊ぶということを彼は言っております。

「こちらのほうがより機能すると見たときに、すぐそれを採用し、たちまちこれに熟達をする」。これは鉄砲のことを言っているのですが、これも指摘しております。「鉄砲が日本に来たのはわずか五〇年前である」。これも正しい指摘です。「ところが、日本人はたちまちこれをつくる。あっと言う間に国中に広がって、至るところに妙手《みょうしゅ》ができる」。ですから、鉄砲がない時代の日本軍のつもりでいるとたいへんなことになる、ということを彼は言っているわけです。

韓国でいちばん勇敢だった李舜臣《イスンシン》という海将は、九鬼嘉隆《くきよしたか》の水軍を一度破りますが、最後に日本の鉄砲で戦死をしているという記録が向こうにあります。ですから、鉄砲の威力《いりょく》はたいへんだったわけで、大量生産をし、これを日本人は取り入れるとあっと言う間に、たちまち妙手ができてしまう。非常に危険であるということも書いております。

「たいへんに下剋上の国である。粗暴である。何でも実力があれば、その人間が上に立つ。昔はそうではなかったけれども、頼朝以来だんだんそういうふうになってきた」

こういうところにも日本の歴史を非常に短く書いているのですが、その要約は的確です。いつから武家時代がはじまって、いつから封建制度ができたのか。諸将はみんな私邑《しゆう》になっている。私邑というのは自分の領地という意味ですが、大きな大名はものすごく大きな土地を自分で持っているといったことも、みな指摘しております。

こんなところに日韓の大きな違いが……

これが実は李朝の韓国と日本との大きな違いになります。一九一〇年の韓国併合まで、おもしろいことに韓国という国は日本の昔と同じように公地公民制でやっておりました。土地は全部国王のものだった。武家制度ができる前の日本も形式的にはそうで、班田を国から借りるという形で耕作をする。死ねば返す。土地は私有できないことになっておりましたから、相続権は誰にもないわけです。

同時に、官職に就《つ》けば職田をくれる。これは月給です。一定の面積の田んぼをくれるけれども、死ねばそれをまた国に返す。官職を去ると恩給をくれる。これを功田と言います。しかし、これもやはり国のものですから、本人が死ねば返す。いわば全部月給制、恩給制みたいな形になっています。

もっともこれを巧《たく》みにひそかに私有している場合が韓国にもあったようですが、表向きには所有権はいっさい認められないという方式をとっておりますから、中央集権であって、地方官は全部任命されていきます。この任期が非常に短い。地方に行って仲よくなってしまうと危険だという理由から、今の知事ぐらいにあたるのはだいたい三六〇日から二年をもって限度としています。今の市町村長ぐらいまでみんな任命ですが、これは四年をもって限度とする。

もう一つ、相避制という妙な制度がありまして、出身した土地の地方官には絶対にしないということです。簡単に言いますと、九州で生まれた人間は北海道あたりの知事にされて、北海道で生まれた人間は九州の知事にする。だから、自分の故郷の知事には絶対にしない。下と仲よくなりすぎると危ないからというので、分断するシステムをとっています。

ところが、「日本に来ると全然違う。みんな所領を自分が持っていて、それが連合したようなかたちで国ができている。基本が全然違う。だいたい頼朝のときからそうなっている。また、私邑《しゆう》の中も小さく分けて、部下に持たせている」。これを知行地《ちぎょうち》と言いますが、「知行地を全部持たせている。これが日本のシステムである」と書いております。

さらにおもしろいことに、「日本人には敬称というものがない」。これは非常に不思議だったようで、二度書いています。「日本人は人を呼ぶときに様か殿でよろしい。それ以外にまったくない。こんなに敬称がなくて上下の区別がなくて、威厳尊厳のない国は珍しい」と最後には悪口になっているのですが、確かにその通りで、関白でも「関白様」でいいし、他人を呼ぶには「○○殿」でいい。昔は天皇陛下という言葉はなく、「天子様」と言ったものです。だから、誰でも様と殿しかない。

これは四〇〇年前から今に至るまで変わりませんで、特別な敬称は付けません。これはたいへんおもしろい平等主義ですが、彼にはこれがよほど不思議だったらしくて、前にも申しましたように二度記しております。「上下がほとんどない。誰でも上に伸びていける。同時に力がなくなると、すぐに没落をする」

次におもしろいことを書いております。「日本の武将は決して国のためとか、大義のためにとかに戦っているのではない。自分の利益になっているから戦っているだけだ。そのかわり勝てば必ず恩賞という私邑をくれる。負ければ没収されるか、削られるかする。部下も同じことであって、よい功績を挙げれば必ず褒美《ほうび》をくれる。失敗をすれば必ず罰せられる。だから、倭人《わじん》はなんであんなに一生懸命戦争をするのかと言えば、原理は非常に簡単であって、それをやると自分に利益になるからやるのであり、それ以外のためにやっているのではない」

諸侯と武士の関係は「市道」（取引）であると、徳川時代の海保青陵《かいほせいりょう》（注：江戸時代中期の思想家）という学者も言っていますが、戦国時代などはそれがむきだしに出ておりまして、戦争があると請け負いにいく人間がいっぱいいたわけで、誰の部下と決まっているわけではない。これは傭兵隊といってヨーロッパにもありました。

高い代金を払ってくれるほうの味方になる。こういうのはいくらでもいまして、明らかに報酬のためにやっているわけです。そういう気風は秀吉の時代にはまだ非常に強く露骨に表れておりましたから、彼がそう見たのも少しも不思議ではありません。「私邑を持っている者たちは、一芸一能に秀でた人間を集める」。先ほど申しましたように、日本人は何か一芸に秀でればいい。もちろん槍《やり》のうまい者、刀を使うのがうまい者、弓がうまい者、鉄砲がうまい者だけではなくて、兵書をよく読む者、漢文が読める者も、です。それから水泳がうまい者、速く走る者、何でもいい。何か使える人間があったら全部それを集めておいて、戦争になるとそれを組織してあっと言う間に動き出すということを彼は記しております。

日本式を採用しないと対抗できない

「日本の武将なんていうのは文字が読めない」。彼が言うのは漢文が読めないという意味ですが、これも韓国文化を考えるときのおもしろい点です。韓国にもかつて、万葉仮名のような吏読《りとう》という仮名がありました。日本の場合は万葉仮名がどんどん発展して、仮名という一つの文字体系をつくりましたけれども、韓国の場合はいわゆる士大夫《したいふ》（注：科挙官僚・地主・文人を兼ね備えた者）階級と言われる人たちが、こんなものは文字ではないと言ってつぶしてしまったわけです。ですから、日本のような仮名文化にはならなかったのです。

今使っているハングルは、李朝の世宗《セジョン》が宮中に委員会をつくって一四四六年に公布したものですが、たいへん合理的にできております。ところが、士大夫という階級は、それも文字とは認めない。皇帝がつくっても文字とは認めないわけです。したがって、ちっともこれが普及しない。そのために、知識階級は別として、民衆にはものすごく文盲が多いという問題が出てきます。

一部の知識階級が中国文化を絶対視してこういったものを否定していった。これは韓国史の一つの悲劇のような面で、あまりに中国文化を絶対化したために、漢文以外は文字と認めないとした。自分の国の王様がつくった文字でも、それがいかに合理的であっても、そんなものは使わないといってつぶしてしまう。そういったところがありました。

彼のものを読むと、彼は明らかにハングルを知っています。日本の仮名が吏読によく似ているということも彼は知っている。しかし、彼はそんなものは文字とは認めない。漢文が読めない人間はみんな文字が読めないという言い方をしているわけです。

日本の武将は中国の七冊の兵書を持っているけれども、何も読めやしないと言っているのですが、では知らなかったのであろうかというと、実はそうではないのです。日本ですとそこが分業になりまして、お坊さんを呼んでくる。和僧だけは字が読めると彼は言っておりますが、お坊さんに読ませて講義を受けて、聞いているのです。ですから、耳学問というわけですが、自分は実践をしながら、同時にそういうものを読める人間に講義をさせて聞いていた。この能率的な分業化が日本のおもしろいところです。

たとえば武田信玄が旗印《はたじるし》にした「風林火山」は『孫子』にある言葉ですから、『孫子』を知らなければそういう旗印を掲げるはずがないのです。といって、彼がはたして漢文が読めたかどうか信玄は相当に漢文の素養があった人ですが、おそらくそこまでは読めなかっただろうと思います。しかし、これは読み役というのを雇ってくればいいわけで、それによって知識を吸収するわけです。

これがおもしろい点で、日本のほうは戦国時代に実力と生き残るためにこれを学ぶという形で残ってきた武将と、韓国の机上の学問の秀才とが対決をして、いったいどうなったかということです。読んでいくとまことにおもしろく、「そんなにすべてのことをうまく知っている人が、いざ実務になると何もできない。まず誰が指揮権を持っているかわからない」。巡察使と節度使の両方がありまして、巡察使は向こうの知事、節度使は軍管区司令官になるのですけれども、「朝は巡察使が指揮をして、夜は節度使が指揮をするというようなばかなことが起こっている」。

同時に、「常備兵がない。兵隊を集めても、みんな何で集められたかわからない。そのためにバラバラであって、少しも戦闘にはならない。ところが、日本側はどうかというと、長年の戦乱の体験があるから、それがすべてまことに合理的に組織化されていて、一瞬にしてすべてが動くようにできている。これがまことに不思議なぐらいだ」と指摘をしております。

　そこで彼が言いたかったのは、一部の場所は日本式の封建制のようなものを採用しろということです。しかし、韓国のように伝統が非常に強い国では無理です。とくに、「沿岸、辺方の地で、賊が衝《つ》いて来そうな箇処は、ほぼ一〇〇里（注：約四〇〇キロ）毎《ごと》に一大鎮（注：辺境の大要塞）を設け、内陸地の傍県（注：「県」となっている隣の地区）を省いてそこに加え、その辺将（注：辺邑《へんゆう》、すなわち辺方の地の〝邑＝集落〟の将）の久任（注：半永久的、つまり終身の留任）を許すというような便宜をはかり……」と書いています。

「そこで出た者はことごとく日本人の武将の私邑と同じようにしてやって、さらに彼がもしも勝ったならば恩賞を与え、負けたならばその領土を取りあげることにしたほうがいいのではないか」。こういうことを言っているのですが、これは簡単に言いますと、日本式を採用しないととても日本に対抗できないというわけです。

「伏して願いますに、国王殿下（宣祖《ソンジョ》王）におかれましては、有司（注：役人）に明勅《めいちょく》（注：天子の明らかな勅《みことのり》。勅語《ちょくご》）を下され、海浜の諸島のうち魚塩が豊かで土地の肥沃な箇処と、海浜の良田の荒地となってしまっている箇処とをあわせて、辺将のうちはっきりと軍功のあった者に分け与えて食邑とし……」。食邑というのは私邑のことです。

「……流民《るみん》を招集してこれを開墾させますように。その流民のうちの壮士を集めて軍人とし、土地の産物は軍糧とし、その人間が死ねばまた子孫に伝えるようにすれば、ただ将帥《しょうすい》（注：将軍）一身の富貴ばかりでなく、そのうえ子孫万世《ばんせい》の衣食も余裕が生じましょうから、人々は自ら守り、人々は自ら戦い、士卒は自然に足りることになり、兵粮《ひょうろう》も思うようになり、戦艦も自《おの》ら《ずか》備わって、民衆は生活が安定し、国は運漕《うんそう》転送の心配がなくなりましょう」糧秣《りょうまつ》（注：兵士の食糧と軍馬のまぐさ）の運送、その他が必要でなくなるだろうということを言っているのですが、簡単に言いますと、日本が封建制でやっていることを一部で採用しろ、日本軍に対抗するのはこのほうが便利であるということです。

結局これは実施されませんでしたけれども、もしも日本が三回目に侵入することになりましたら、まずこういう方法を採用したかもしれないと思っていいわけです。

どうしても理解できない、日本一の重視

日本の場合、将棋の駒でも何でも取れば自分が使ってしまいますが、朝鮮征伐でも同じことをやっております。降伏してくるとすぐそれを日本側に入れてしまって、今度は韓国人が韓国人と戦争をしているような状態が出てきます。韓国側もはじめは日本側の降伏した者をある程度取り立てることをやっていた場合があるのですけれども、のちに捕虜にした日本人は全部殺してしまえということになった。これは非常にまずい。

「降伏した倭兵を殺すのは、甚《はなは》だ大失策であります」。まずここからこの文章がはじまって、「すでに降《くだ》った者を殺すのは、ただ単に道家《どうか》が深く忌《い》むばかりではありません」。道家は老子の思想で、道教です。「彼らは、襁褓《おむつ》からどうにか離れるや、すぐ将官の家で働いて口に糊《のり》し（注：食べてゆく）、平生《へいぜい》は父母兄弟に会わず、郷里や隣里にも入りません。四方の戦いに従軍すれば、ややもすれば一ヵ月を越します。妻子があっても、その顔を見るのも罕《まれ》であります。それ故、将倭と農民にのみ妻子があって、その他には大半妻子がなく、郷土の父母や妻子を顧《かえり》み恋うような情が全然ありません。ただ、その衣食の安定に従うばかりでありまず」と書いております。

おもしろいのは、韓国の将軍たちは全部、奥さん、子供を連れています。ですから、姜沆も奥さんも子供も一緒に捕虜になるのですが、日本ではそうしない。みんな今と同じで単身赴任です。

そこで、「伏して願わくば、殿下（宣祖王）におかれましては、今からのち諸将に明勅を下し、降伏した倭兵のすでにわが陣にやって来た者にはその衣食を豊かにしてやり、約束するに恩恵と信義でもってされますように。また、通訳や降倭（降伏した日本人）らを倭の陣中に潜入させて、後から倭兵が降伏して来るようにさそい出させたならば、彼らの帰附してくる（注：つき従ってくる）者は、日に一〇、一〇〇を数えるでありましょう」。というのは、

「この倭奴が、わが国の男子を多数生擒《いけど》りにし、それを倭軍の一部隊伍に充《あ》てていますものを……」。つまり、日本側は韓国人を捕虜にすると明らかに自分の部下にしてしまうわけです。「かの倭の健児で自らやって来た者を、どうして殺してしまって倭奴を満足させていいものでしょうか」と書いております。

こういうところから見ますと、日本側は向こうが降伏してくるとそれを全部自分の部下にしてしまう。戦国時代ですとこれがあたりまえみたいなことですから当然ですが、彼らはそれをしません。

次に、日本は非常に武器を重んじる。効率を重んじる民族だから、すぐ鉄砲は採用するけれども、たとえば刀一本を選ぶのも非常にうるさい。「兵法に、『武器、利ならざれば、その卒《そつ》（注：兵卒《へいそつ》。一般の兵士）を以《もっ》て敵に予《あた》うるなり』と申します」。

これは『孫子』にある言葉ですけれども、兵隊がちゃんとした武器を持っていないということは、その兵隊をみんな敵に与えてしまうようなものだと言っています。

「私は倭国の中に来て三年にもなり、毎日倭奴が軍用兵器や槍剣の錬修を事としているのを見ました。倭は、必ず千年の古剣を最上とし……」。一〇〇〇年はちょっと言い方が大げさですけれども、「次は六、七〇〇年の剣を好《よ》しとします」。いわゆる古刀がいい。新刀を嫌うということは確かにありました。

「近年鋳造したようなものは、みな無用だと棄て置いたまま手に取ってもみません。倭奴の新剣でさえ用いるにはあたらないのです、ましてわが国の新造の剣などどうして使えましょうか。その、『卒を以て敵に予うるなり』というのも怪しむに足りません」

その次がおもしろいのですが、「前後の降伏して来た倭のうち、必ずや剣を知り、剣を鋳造し、剣を磨《みが》く心得のある者がいましょうから、彼らを手厚く待遇してやって、毎日のように剣を錬造させると共に、もし釜山《プサン》で前日のように（注：常に、その前日のように。つまりは、毎日、恒常的に）互市《ごし》（注：市場《いちば》）を開くようになれば、通訳のうち剣を知る者に命じ、多くの重貨をまかせ、船に乗って買いに出させ、緊急の用に備えさせれば幸甚《こうじん》であります」と書いています。

これはなぜか。おそらく彼は、日本側が韓国側の技術者を全部厚遇して使っているのを見たからだろうと思います。だから、韓国側でもそれをやれ。日本の剣はこれくらいいいのだ。日本では陶器をつくるのがうまい者はすぐ取り立てて陶器をつくらせている。おそらく彼はその現実を知っているはずです。それは書いていませんけれども、だから捕虜にしたらすぐ日本人に刀剣をつくらせればいいじゃないか。韓国はそれをやっていないという批判をしているわけです。こういうところにも両者の違いがよく表れています。

さらに、先ほど申しましたように、何でも日本一を尊ぶというところがありますが、彼にはどうしても理解できない日本一があります。日本人は何でも日本一を尊ぶ。まことにおかしいことに、お茶を飲む日本一というのがある。お茶なんてガブガブ飲めばいいと思うのでしょうけれども、茶道というものがある。これはさっぱりわからないと言ったのはこの姜沆だけではなくて、キリシタンの宣教師のヴァリニャーノという人も書いておりますけれども、それが彼らには特にわからない。

まず第一に茶室という汚い家がある。竹の門が付いていて、それを開けると汚い土の壁で、上が萱葺《かやぶ》きになっている。変な穴を潜《くぐ》って中に入って、お茶を飲む。これが最高の接待というのは、何と変なことをやっているのだろうと彼は言っています。

ところが、これも日本一というのがちゃんとおりまして、堀田織部と書いておりますが、利休の弟子の古田織部《ふるたおりべ》の誤りだろうと思います。彼がこれを鑑定する。彼に鑑定してもらうと、一回に金一〇〇錠《じょう》を払う。だから、彼はたいへん金持ちになる。その理由が全然わからないというのです。それから、織部がひとたびほめたとなると、破れたような炭入れの瓢《ひさご》(注：ひょうたんの形をした炭を入れて持ち出す器)が何万両になるかわからない。これも彼にはまったくわからないわけです。

ヴァリニャーノも同じことを書いています。ドン・フランシスコ・オオトモ(大友宗麟《おおともそうりん》)は茶入れ(似たり茄子《なす》──注：茄子の形に似ている〝抹茶を入れる小さなツボ〟)を銀九〇〇〇両《タエス》で買った。これはわれわれの貨幣に直すと一万四〇〇〇ドゥカードになる。ところが、実際は汚い水差しであって、かごの中の鳥に水をやる以外には何にも使えそうにない。私ならあんなものに一、二銭《マラベディ》以上は払わない、何であんなものにそれだけ多額のお金を払うのかと言っております（注：松田毅一他訳『日本巡察記』より）。

この種の骨董《こっとう》趣味は今でも韓国人にはないそうですから、わからないわけです。

こういうものは日本人の昔からの不思議な道楽ですから、茶碗なども彼は全然評価できない。何事にも日本一があるというところに、お茶を飲むことの日本一が出てくる。これはまことに不思議だと書いております。

新羅の時代は似ていた

次に、日本人というのはたいへんに人の気分を害することを嫌う。ただ、生を惜しむよりも名を惜しむとか、恐ろしく勇敢だといった理由はいったい何によるのだろうと彼は非常に不思議がっております。人間、誰でも生きているほうがよくて、そんなに死ぬのが好きなはずがない。ところが、日本人はいざとなると平気で死んでしまうところがある。これが彼にとってたいへんに不思議なところで、とくに主将が戦いに敗れると、その家伝来の部下は平気で殉死《じゅんし》してしまう。

昔、中国に、「五百義士の田横《でんおう》と共に死す」という珍しい例が一つありました。これは『史記《しき》』の『田儋伝《でんたんでん》』に出てきまして、斉《せい》（注：漢王朝がはじまる直前の秦末《しんまつ》の乱のとき、田横が自立して王政を敷いていた地方。現在の山東省あたり）の田横が漢の高祖に臣として仕えるのを潔《いさぎよ》しとしないで自殺をしたら、その下の五〇〇人が自殺したというのですが、これは非常に珍しいわけです。ところが、このようなことはとくにどうっていうことはない。日本では年中行われている。まことに不思議だというのです。

体格は非常に貧弱なので、もしも一対一で相撲をとったら韓国人が必ず勝つ。しかし、彼らはすべて上と下とが一致団結していて、上が敗れれば下が自殺する。上が勝てば、下は今度はまたたくさんの恩賞をもらう。だから、上下は生命をかけて利害が一致しているので、彼らはあのように戦うのだ。個人個人の技量と体力から言えば、韓国人のほうがはるかに上だが、彼らのこういう一つの性癖があるがゆえに、われわれはこれに負けているのだ。こういうことを言っております。

彼は非常に古い新羅《しらぎ》の時代は、韓国と日本とはたいへん似ていたと書いておりますが、これは今の歴史学者が歴史的に見ても正しいそうです。

それから、戦国時代のあとであり、しかも朝鮮出兵でたいへんな重税負担になるので、民衆が非常に憔悴《しょうすい》をしていると舜首座《しゅんしゅそ》（藤原惺窩）が言ったとあります。また、日本の将官はすべて盗賊であると彼は言ったと書いていますが、これもその通りで、応仁《おうにん》の乱以降、日本には名門は一人もいなくなったと内藤湖南《ないとうこなん》（注：東洋史学者）が言っています。

だいたいもとをただせばみんな野武士、山伏の類である。それが政権を執《と》ってしまった。何でも天下一を喜び、機能するものは何でも取り入れる。しかし、抽象的なこと、その他になりますと、日本人はその価値がわからない。その点では彼は日本をだいぶ軽蔑《けいべつ》しております。

彼はたいへんな学者ですから、中国から渡ってきたインチキな学生みたいなのが日本で学者ぶるのはすぐわかるわけです。たいへんおもしろいことを書いております。「明朝の人、黄友賢《こうゆうけん》などは、みな府学《ふがく》（注：中国の各府の官立学校）の生員で……」、黄友賢というのはそんなに有名人ではありませんから、誰なのかわかりません。府学の生員というのは、今で言いますと科挙の試験を受けるための予備校の学生ぐらいの男で、まだ試験に受かっていない連中のことを言います。「府学の生員で、船に乗って倭京に到り、よく人を相《うらな》い、医術もよくし、推歩《すいほ》もよくする、と自称しました」。推歩というのは天文学と暦学を言います。だから、自分は人も占うし、技術もよくするし、天文、暦法にも非常に詳しいと言ったというのですが、そんなこと詳しいはずがないんで、彼はまだ予備校の学生です。ところが、「倭人は、遂《つい》に彼を推して天下一としました」。そういうのが来るとすぐ天下一になった。そういうことになると評価が全然できない。

「諸々の倭将らが、毎日のように輿《こし》や馬であい迎え、謝礼の金銀・錦帛《きんぱく》（注：たいそう美しい絹織物）は匱《はこ》や笥《ひつ》に充満するほどでしたから、夷《えびす》（注：未開の民）の国である日本に一〇余年も居るようになり、とうとう西の方、自国に帰国することを忘れてしまいました。このことは、ただ単にその人が無法なばかりではなく、倭賊が愚かで、すぐ惑わされるものですから、実はこのようなことになったのであります」と書いています。

外国からこれが権威だと言ってきますと、何だかそれがみんな権威に見えてしまう。その人が何を言っているのかよくわからないけれども、それが日本一だということになると、たちまちそこにたくさんのお金を持って迎えに行って、いろいろ話を聞いて喜ぶ。こういうことも当時すでに起こっておりましたが、これは明治にも現代にもある傾向です。

さらに、日本人の性格ですが、何でも好奇心が強い。外国に珍しいものがあると何でも異常な好奇心を持って、それを手に入れたがる。まことに日本では、買っても無駄だと思うものを恐ろしく高いお金を出して買う、ということも指摘しております。

「倭奴の性《さが》は、大を好み、功を喜びます。遠国から船舶がやって来るのを、つねづね盛事とし、外国の商船、貿易船がやって来れば、必ずこれを指して使者の船だといいます。私が倭京にいた時聞いたのですが、倭賊が盛んに南蛮《なんばん》の使臣がやって来たと伝え、国内が大騒ぎになって、それを結構な話題にしたことがありました。それで、わが国の人たちに聞いてみたところ、商人一〇余人が白い鸚鵡《おうむ》一羽を持ってやって来たのだ、ということでした「天竺《てんじく》（注：インド）などの国は、倭奴の国とは絶遠の地でありますが、倭奴は往来を絶やしません。福建《ふっけん》の商船や、南蛮・琉球・呂宋《ルソン》等の商船は、島津義弘と竜蔵（造）寺（注：人名。現在の熊本県の大地主）が管領《かんりょう》（注：管理）し、わが国の往来船は、寺沢志摩守《しまのかみ》正成と宗対馬守義智《つしまのかみよしとし》が管領しております。驢《ろ》・騾《ら》・駝《らくだ》・象・孔雀《くじゃく》・鸚鵡は、毎年絶えることなく運ばれて来ます。そして、家康らは、通例として、金銀や槍・剣で高価な支払いをします。何の益もないものと益のあるものとを交換するのですから、彼ら商人も喜んでやって来ます。倭の市中には、唐物《とうもつ》や南蛮の産物がそろっております。倭国の産物らしきものとしては、金銀を除けば、それ以外別にこれといった珍しい物はない、といいます」と書いております。

外国から来た珍奇なもの、珍しいもの、高価なもの、何でも喜んで異常な高値を出して買う。徳川時代も象が来ております。確か家光のときも、鎖国してからも象が日本に輸入されていまして、その象が半分しか入らなかったから、あれを「半蔵門」と言ったという俗説ができたのです。それは事実ではありませんが、象のフンが薬になるといって、干して売ったという記録は残っておりますから、煎《せん》じて飲んだ人がいたのだろうと思います。何でも珍しいものは非常に喜ぶ。

秀吉の死んだあとを予測

それから、天災がたいへんに多いということも書いております。韓国は地震のない国ですが、日本に来ておそらく何回か地震に遭《あ》ったのでしょう。それと火事が多い。木造ですから、年中火事がある。それから、これは秀吉の末期になっているわけですが、国民は重税と用役《ようえき》に非常に苦しんでいる。秀吉が死んだあとで一波乱あるだろうと書いております。

これまではだいたい日本人の特徴を見てきましたが、彼が見ているのはそれだけではなくて、秀吉が死んだらいったいどういうことになるのだろう。彼は自分に関係があるものですから、これを非常に詳しく書いております。これが「賊中聞見録」の中でまず秀吉の死から書いておりますが、彼はもちろん秀吉がたいへん嫌いですから「賊魁《ぞくかい》」（注：悪者＝賊《ぞく》の、かしら＝魁《かい》）として、決して「秀吉」とは書いておりません。

「賊魁は、諸将を残らず集めて、『朝鮮のことが、いまだに結末がつかないのは何故か』と問い正した。家康らがみな、『朝鮮は大国であります。東を衝《つ》けば西を守り、左を撃《う》てば右に集まりしますので、たとえ一〇年を限りとして戦っても、事の終りは期待できません』と答えた。賊魁は泣き、『公らは、私を年老いたと見ている。私の初志は、天下に難事はない、というものであった。今は老いてしまった。いつ死ぬかもわからぬ。朝鮮と休戦し、和をはかるのはどうか』と言ったところ、その配下はみな、『幸甚でございます』と答えた」。こういう記述があります。

これは誰から聞いたのだろうか。おそらく家康が惺窩に話して、惺窩から聞いたのだろうと思います。

「賊魁は、戊戌《ぼじゅつ》（一五九八年）三月晦《みそか》から病気にかかり、自分でもきっと死ぬだろうと悟って、諸将を召し寄せて後事を托した。家康には、秀頼の母淀《よど》殿を室として政事を後見し……」。これは当時、淀君を側室にしろと言ったといううわさが流れたのだろうと思います。

「秀頼の成人を待ってのち、政権を返すようにさせた。加賀大納言前田《まえだ》利家《としいえ》の子肥前守《ひぜんのかみ》前田利長には、秀頼の乳父（かりの父）となって、備前《びぜん》中納言宇喜多秀家《うきたひでいえ》と共に、終始秀頼を奉じて大坂に居るようにさせた」

「大坂は、西京《せいけい》で、摂津州にあり、伏見は、東京《とうけい》で、山城州にある。大坂の形勢は、伏見に比べて、より勝《すぐ》れている。それで、家康には、東の諸将を率いて大坂に居らせ、そうすることで、西の諸将の謀叛《むほん》をはかろうとする者を制御させ、輝元には、西の諸将を率いて伏見に居らせ、そうすることで、東の諸将の事を起こそうとする者に備えさせた。そして、命じて、大坂の諸店舗をとりはらわせ、大々的に城池《じょうち》（注：城と城のまわりの堀）を修理した」

これが秀吉の死であって、その死後、どういう状況になったかというのをずっと見ておりますが、だいたい彼の見ているのは当たっております。家康と石田三成《いしだみつなり》が中心に、毛利輝元《もうりてるもと》が家康と戦うようになるだろう。家康はなかなかずるく、どういうことがあっても絶対に朝鮮には渡らなかったと書いております。

彼は東のほうでたいへん勢力を持っている。しかし、富をいちばん持っているのは毛利輝元だから、もしも両者が戦争をしたならば輝元が勝つのではないかというのがだいたい世の中の予測であると言っております。いわばこれは単なる予測でありますが。

彼は輝元に対してはだいぶ好意を持っていたようです。どこで会ったのかわからないのですが、性格が非常に穏和で、わが国の人と似ておりますと書いている。韓国人はそんなに性格が穏和とは思いませんが、彼はそう書いております。

家康のいるところは非常に米ができる。彼が西に攻め上がるとすれば、その道はことごとく米で舗装できるぐらい持っている。ところが、もしも輝元が登場するとすれば、彼はその道にことごとく銀を敷き詰めるぐらい富を持っていると書いておりますが、当時、そのくらい毛利家は富裕であると見られていたようです。

彼はこれで帰ってしまって、そのあと関ヶ原になります。関ヶ原前後のことが日本側の史料と照らし合わせてみるといちばんおもしろいところですが、これは日本人の性格を見ていくという点ではあまり重要な部分ではありません。

日本は大家族をつくらない

この『看羊録』は、四〇〇年前の日本人についてのおもしろい観察です。彼が指摘していることの一つは、日本は韓国と違って、試験制度がない。封建制であって、土地の所有が認められている。その封建的な土地制度の中の支配権は全部、その諸侯が持っている。これは韓国にはありません。同時に、その諸侯を統合するような形で秀吉のような人がいる。こうなっているということを彼は正確に見ております。

東アジアで封建制だったのはだいたい日本だけで、韓国はもちろん封建制ではありません。「封建的」という言葉をよく韓国でも中国でも使いますが、正確な定義で使っているのではなくて、旧時代のことを言っているわけです。宋《そう》以来、完全な郡県制です。韓国も完全な郡県制であって、封建制ではありません。

よく戦後、民主的でないことを封建的と言いましたけれども、あれはおかしな言い方で、制度としての封建制の逆の制度と言えば郡県制です。中央集権によって任期を定めて地方官を任命する。その人事権は全部中央が持っているというのが郡県制です。日本の場合、諸侯に全部所有権があったかなかったかというのは非常に問題になります。ヨーロッパですとはっきり所有権があるわけで、所領を持っていてそれが相続できるというのが封建制で、この二つは基本的に違います。

同時に、封建制の場合は、その内部における治安、経済は全部、その主君と言われる人が責任を負うのであり、中央政府はそれにタッチしない、各々の責任だと言える。そこが破産しようが何しようが、みんな各藩の責任ということになります。

韓国の場合でも、中国の場合でも、非常に集権的であり、同時に、科挙という試験制度だけで統治体制をつくったことが、たいへん制度を固定させた面があります。日本は源頼朝、それから北条泰時《ほうじょうやすとき》のときにほぼ律令制を崩してしまった。これを全部棚上げにしてしまって、土地の私有を当然としてきた。これがたいへんおもしろい両者の違いで、『看羊録』で見ておりますと両方の違いが非常によくわかります。

もう一つ、日本は小家族制です。大家族制をつくらない。これは歴史はじまって以来つくらないわけです。これだけはなぜなのかわからない。

大家族制というのは、血縁集団がそのまま一つの組織のようになるのですけれども、小家族制はそれができませんので、家族の上がすぐ何らかの組織になります。これはヨーロッパおよび日本の特徴です。ですから、戦国大名もそうで、小家族制の上にすぐ上は知行地の小領主、その上が戦国大名、それらが自分の上にあるという組織です。こういう形になっておりますから、その組織は機能しないと存続をしない。これが組織の前提ですから、これが何らかの形で絶えず機能をしていかなければならない。そこで機能するものは常に尊ぶ。そのかわり直接にはあまり機能しない、実利がない、プラクティカルでないものにはいっさい興味を示さない。こういうところが出てまいります。

「系図四〇冊」の伝統

『看羊録』と一緒にもう一つは、釜山大学の先生で名古屋大学の客員研究員をしておられた金日坤《キムイルゴン》という方が、名古屋大学の出版局から『儒教文化圏の秩序と経済』という本を出しております。それと『看羊録』を比べてみると、韓国と日本との違いが鮮明に出てまいります。

いちばん問題なのは、向こうはいまだに外婚制が残っているということです。この外婚制というのが日本人にはわからないのですが、中国、韓国にはこれがあるわけで、本貫《ほんがん》といって膨大な系図に入っている一族のことを言います。

系図と言いますと日本では簡単なものですけれども、向こうの人はこれを「世譜《せいふ》」と言って、「あなたの世譜をちょっと見せてください」「四〇冊ありますが、どの部分を持ってきましょうか」というようなことになります。

洪思翊《こうしよく》中将という韓国出身の唯一の日本の陸軍中将のことを調べているときに、洪中将の前後の世譜をちょっと貸してくださいと言いましたら、百科事典ぐらいの大きさのが三冊来ました。それに細かく全部書いてある。女性はいっさい入っていません。女性は一族には入れないわけです。結婚をすると「○○と結婚」と入りますけれども、実家のほうには入っていません。

ですから、ものすごく膨大な一族なんですけれども、この一族内部では絶対に結婚はできない。韓国人は姓を変えませんから、姓が同じだと結婚はできないのと同じような現象になります。ただ、必ずしもそうではなく、本貫が違っていれば姓が同じでも構わないのですが、これは珍しい例で、姓が同じだとまず結婚できない。そういう状態が生じます。

われわれから見るとおかしなことであっても、彼らから見るとちっともおかしくないのでしょう。これを同姓不婚と言います。前に私が同姓不婚と言いましたら、同性が結婚できないのはあたりまえでしょうと言われたことがある。姓と性の違いですが、姓が同じだと結婚できないという現象が生じます。

それで、こういうのはどうなるかについて話したことがあります。『看羊録』もその対談のときの材料にして、姜沆がこんなことを言っている、こういう韓国人の形は変わらないのだろうか、あるいは日本人のこういった性格も変わらないのだろうかといった話をいろいろしたわけです。

たいへんおもしろいのは、これは戦国末期ですから、日本人が非常に関心を持ったのは戦国的な実学です。事実、役に立たないとどうでもよかった。だから、兵書を読むのでも、読ませて、それを聞いて参考にすればいいわけで、自分がそれでいい点を取る必要はない。要は、実地において戦争に勝って、自分が存続していけばいい。それがもっぱら先に立っています。鉄砲がいいとなれば、鉄砲をすぐ入れる。何でも役に立つ人間は使う。こういう発想で、何でも実学的になる。したがって、科挙の試験にまだ受かっていない妙な者が来たりすると、権威みたいになってしまうような面があります。

韓国は本当に逆です。実学は軽蔑して、いっさいありません。朱子の「理気論」ができないといけない。それから、「礼論」があります。礼儀作法と言ってしまうと簡単ですけれども、そんな簡単なものではありません。その二つが絶対必要で、それを違えてはいけない。

それにどういう価値があるのか。これは精神的価値だけになってまいりますので、外部にはなかなかわからないわけです。韓国人はまじめすぎると言ったら、キム先生も本当にまじめすぎて困るのだと言っておりましたが、そういうときになるとまじめになって、むきになります。

たとえば今、結婚式の仕方とか葬式の仕方を法律で決めている国は、世界で韓国しかありません。これが不思議なのですけれども、父が死ぬと三年の喪《も》に服するというのは何の実利もない。翌日から仕事をしたほうが実利がある。しかし、韓国人はこの三年喪に服することをちゃんとやっておりまして、いちばんきちんとやる人は、三年のうち二年間は墓のそばに仮小屋を建てて、髪も切らず、爪も切らずです。仕事は何もできない。

近代社会になってそんなことをやられては困りますから、いまは政府が禁じておりますけれども、禁じないとそれが続いてしまうわけです。

日本では徳川時代の町人物のいろいろな作品があって、「子曰《のたまわ》くで三年の喪に服するばか」という話が出てきます。日本でそれをやるとばかになる。その間に番頭に店を乗っ取られたという話です。

実際に機能しないことは日本人は決して評価しません。これは今でも非常に強く残っています。姜沆のときから日本人があまり変わっていないことを思いますと、向こうもあまり変わっていないだろうなと思うわけです。

それでは将来、どうなるのか。今、韓国の財閥と言われる人たちがいます。朴《パク》政権（注：一九六三―七九年）のときに、むやみやたらに財閥を育てたわけです。そう言っては悪いのですが、これが韓国では家柄の悪い人が多いらしいのです。そんなことはいっさい無視してがむしゃらにやってきた人たちで、あそこまで来た。

金先生などが心配するのは、それが本当に同姓不婚のような伝統をどんどん崩していくようなエネルギーになってくれるといいのだけれども、人間というのは少し経済的余裕ができると、昔の上流階級の真似をしたがるものだ。そうなると、はなはだ困ったことになると言っておられました。

確かに政治的には戦国時代のようなときがないですから、外国に侵略されたとき以外はいつも非常に平穏です。そのかわり、平穏無事でいるために非常に気をつかうところが、元来はある民族です。今、その先生は李朝時代のある一家（注：崔《チュエ》家）の歴史を書いているのですが（注：「韓国、その文化と経済活力」）、本当は土地は私有できない。しかし、職田がありますから、いちばん下っ端の試験に受かるとある程度の水田をくれます。ですから、出世すると政争に巻きこまれて危ないから、絶対に出世してはいけないというのがその家の家訓なんです。

一生、下っ端でいなさい。それから、息子が試験に受かるだけの教育はしなさい。息子もまた試験に受かったら、決して出世してはいけない。これが日本人と違うところです。どこまでも伸びていこう。一介の農民から関白にまでなるようなのがいちばんいいのですが、そうではなくて、そこでストップするわけです。

次に、生活の水準をきちんと決めて、これ以上の生活は絶対にしてはいけない。それ以上収入があったらどうすればいいか。全部まわりにまいてしまえ。そうすると悪口を言われない。告げ口もされない。そういう家訓で十何代ずっと続いているような家が案外多いわけです。だから、どこかまでいって安定をすると、お互いにそれをやりますから、またそうなってしまうのではないか。今は勃興期《ぼっこうき》だから違うけれども、安定するとすぐそれが出てくるのではないか。だから、「日本では韓国が追い上げてくるなんて言っているけれども、私はそうは思わない。まあ、そうなってくれればありがたいんだけれども」と金先生は言っておりました。

非常に違う民族性が生み出された理由

『看羊録』の時代、今の時代をいろいろ比較してみますと、民族性がそんなに変わらないならば、やがて同じ現象が出てくるのではないか。そのかわり向こうのほうがかえってそういうふうに落ち着いた状態になって、すぐ詩でもつくって抽象的なことばっかりやりはじめるようになるのではないか。

「日本はこのまま行ったらどうなるのですか」とよく韓国の実業家に言われます。「円高と言うけれども、日本人のことだから、それもきっと乗り越えるだろう。乗り越えたら、その先どうなるのか。もっと円が高くなったら、また乗り越えるだろう。それをどこまで続けていくつもりか」という質問です。

日本は、より機能的に、より機能的に、より機能的にです。戦国時代以来そうです。人間の場合ですと、より能力のある、より能力のある、より能力のある、天下一までというふうになっていく。こういう民族性は確かに非常にダイナミックですけれども、われわれはちょっとお隣に並んで、いつまでも上昇ばかりしていないで、どこかから水平に飛んだほうがいいのではないか。そのような気がするところもあります。

向こうは逆に、ちょっとよくなるとすぐまた水平になってしまうのではないか、いっこう上昇意欲がなくなってしまうのではないかという心配をするわけです。お互いに隣同士ですが、長い伝統の違いが非常に違う民族性を生み出しました。韓国と中国はたいへん似ております。韓国も同姓不婚だし、科挙の長い歴史もある。ですから、ほぼ同じようになっていくのではないかという気がいたします。

『看羊録』の中には、今ご紹介しただけではなく、当時のいろいろな政情、日本人の武将に対するさまざまな個人評価、家康は相当ずるいとみんなから思われておりますとか、賊魁秀吉は案外人望がありますとか、そういったことを細かく書いています。これはたいへんおもしろい本ですから、何かのときにお読みになってみたらいいのではないかと思います。

『両国壬辰実記』が示す日韓の誤解

独仏の間で行われていること

今日は徳川時代のおもしろい本のお話をしたいと思います。

それは、今、日本に一冊しかない『両国壬辰実記《りょうこくじんしんじつき》』という徳川時代の本です。この本を取りあげようと考えましたのは、去年（注：一九八六年）、教科書問題（注：日本の高校の歴史教科書について、韓国が抗議してきたため、修正した事件。一般に教科書検定問題と呼ばれる）が出てきまして、それから藤尾発言（注：藤尾正行文部大臣の「韓国併合は合意の上に形成されたもの」などの発言）があり、中曽根総理が謝罪をするということでずいぶんゴタゴタいたしました。

あのときに考えたのは、外国の教科書に訂正を要求するのは内政干渉だという意見もあったのですが、これは今までに何回も行われておりまして、日本も明らかな間違いは外国の教科書に訂正を要求している場合がありますし、向こうから要求が来る場合もあります。

最初に来たのが確か西ドイツで、日本の教科書の東ドイツの扱い方に対して文句がつきました。その次に来たのがオーストラリアで、オーストラリアは白豪主義をとっているという日本の教科書の記述に対して、昔はそうであったけれども、今はすでにそうではないから訂正をしてくれという要求が来ています。

外国の教科書に間違いがあった場合、どこの国がその訂正を要求しても別に不思議ではありません。ただ、そういうときはマスコミが報道しないものですから、報道しないものは存在しないということになりまして、韓国だけがいろいろ文句を言ってきているとわれわれは受け取っているわけです。

しかし、これはなかなかむずかしい問題でして、たとえばドイツとフランスの場合、約一〇〇〇年間争っております。一〇〇〇年間も争っている国が両方でそれぞれ教科書をつくると、過去の敵意をそのまま未来に申し送ることになる。これは、はなはだよろしくないから両方で委員会をつくって共同で歴史の教科書を編集しよう。独仏の間ではすでにこういうことが行われております。しかし、これはやり出すと実際にはなかなかむずかしい。そう簡単にはいきませんけれども、そういう努力をしていることは事実です。

この場合に最初にやることは、両国の史料をまず並行して並べてみて、それから検討にかかるということにならざるを得ないわけです。この前問題になった韓国併合もおもしろい問題で、むしろ歴史的に両国の史料をずっと並べてみて、どこでどうなってどういうふうになったのかと見ていきますと、はじめて実態がわかるのですけれども、両方が激論をして怒鳴りあうみたいになると、逆に実態はわからなくなります。

ところが、独仏のように両方の史料を並べて、韓国側はこう書いている、あるいは日本側はこう書いているということで、ただそのまま並べて基本史料としてつくった本が実は徳川時代にあった。それが『両国壬辰実記』です。

韓国側では最初の朝鮮征伐を壬辰倭乱と申しますので、『両国壬辰実記』と言ったわけです。これは日本側の史料にはこうある、韓国側にはこうあるということで、ただ両方の史料を並べているだけで、どちらが正しいとも間違っているとも書いていませんが、だいたいほぼピタリと合っております。

これをつくったのは山崎尚長《やまざきひさなが》という人です。つくったといっても自分で著作をしたのではなくて、ただ両方の史料を集めて「日本」と書いてあって、ずっと史料が書いてある。次に「朝鮮」とあって同じことに対する史料が書いてある。それをずっと並列しているだけです。

しかし、こういう努力は徳川時代にすでにやっていたわけですが、明治以降、こういう本はまったく忘れられてしまった。というよりもむしろ読ませないというとおかしいのですが、消えてしまったわけです。相互に理解をしようと思いますと、こういう努力が必要です。

この『両国壬辰実記』の最初にまず「日本」と書いてありまして、『朝鮮征伐記』の記述がずっと引用されております。その次のページに「朝鮮」とあって、総理大臣だった柳成竜《リュソンヨン》が書いた『懲毖録《ちょうひろく》』（注：今回の戦争のことで懲《こ》りたから、将来のわざわいを毖《つつし》むために書いた本、の意）という記録を載せています。その両方が交互に出てくる。それを読んでいきますと、たいへんにおもしろいことを感じます。

すぐお隣の国だなどと言っておりますが、相互に理解をするというのはどれぐらいむずかしいか。秀吉も非常な誤解をしているわけですが、韓国側もたいへんな誤解をしています。両方とも何にも実態がわかっていないでいろいろやっている。それが最後にもつれにもつれて戦争になってしまう。その経過がよく出てまいります。

誤解の発端

『両国壬辰実記』はだいたい始めから終わりまで全部を記しているわけですが、今日はそれをすべてお話しするわけにもまいりませんので、最初に出てくる双方の誤解がどこから出てくるかという部分だけをお話ししたいと思います。

秀吉という人はたいへんにリアリストでありまして、大ボラを吹くことはありますけれども、実際は現実家であって空想主義者でも何でもありません。非常に現実家でありましたから、自己の周囲の現実をよく見て、自己の経験則にしたがってやってきて大成功をした人ですから、しばしば自分の過去の経験、自分がやってきたことが絶対化されます。ずっとこうやってきて間違いなかったのだから、将来もこのとおりにやって間違えることはあるまいと、つい考えてしまう。ところが、それは日本国内でしか通用しません。

彼は全日本国を統一したといいますが、これは多くの国の統一とは少し違いまして、それぞれの諸侯の所領はそのまま認めております。ただ、上洛《じょうらく》を命じる。これはしばしばあることで、極端なことをいえば、秀吉のところにただ行けばいいのであって、行ったら儀礼的にお辞儀をする。それから、所領の安堵《あんど》（注：土地所有権の正当性）を認めてもらう安堵状というのをもらう。これがだいたい彼の方式です。

上洛しなければ兵を出して討つ。討つ場合も相手を滅ぼすということはまずしません。北条氏の場合だけは北条氏がたいへんへまをやったからで、普通の場合はその者が先祖伝来持っていた根本私領と申しますが、所領は安堵する（注：土地所有権の正当性を公認する）。勝手に取ったところは取りあげてしまう。こういう方法をとっています。

ですから、しまいになりますと、戦争をしてもしなくても結果はわかっているのだから、初めから戦争をしないで上洛しようということになるわけで、奥州《おうしゅう》方面はほとんど戦争なしで全部彼に帰服してしまう。これが秀吉方式で、日本でやっている限り非常にうまくいっております。

以上のように行っても、別に彼はそれ以上のことを相手に要求はしない。ただ、毛利家と和睦《わぼく》をする。今度は島津征伐のときに領内を自由に通過させてくれ。それはもちろんいやとは言わない。そういう場合は通過をしていく。瀬戸内海の制海権は彼らが持っているわけですが、そこの船を自由に使わせてくれ。こういうことはもちろん応じる。

それから、島津征伐でも四国征伐のときでも逆に毛利家に従軍を命じる。こういうときに小早川隆景《こばやかわたかかげ》（注：毛利元就《もうりもとなり》の三男）が出ていくというようなことはあるのですが、だいたいそれが限度であって、部下にしたとか征服をしたというよりも、むしろ同盟国にしたような感じになっています。これがだいたい彼が全国を統一した一つの方式です。

彼は韓国もそれでいくと思った。彼が最初にやったことは、同じように韓国の国王に上洛を命じます。同じ方式でやって、来ればそれでいい。おまえの所領は安堵してやるとか何とか言うつもりだったのですが、国王が勝手に日本に行っていいかどうか、韓国にとっては実は大問題になってきます。

秀吉は韓国の歴史をまったく知らなかったわけです。日本と同じようなつもりでいた。朝鮮征伐といっても、彼は北条征伐、島津征伐と差がないつもりでおります。

また韓国にしても日本のことが何もわかっていない。ですから、当時の言葉を見ると変な議論がいっぱい出てまいります。まだ足利家《あしかがけ》が続いているつもりでおりまして、足利家は源氏であるから、秀吉は平家だろうということで、「平秀吉」なんて勝手に書いています。無名の成りあがりが勝手に反乱を起こしたというわけです。

韓国の考え方によりますと、「明《みん》の冊封《さくほう》（注：「封爵を授ける」との天子からの勅《みことのり》）を受ける」。明から朝鮮国王に任ずという、何でもないものですけれどもその勅書《ちょくしょ》をもらうと、この政権は正当だということになる。今で言う国際的承認と同じようなことになります。

足利家が確かに明から日本国王という称号をもらっているわけですから、あれは正当な政府であると見ます。ところが、秀吉は初めからそんなものはもらっておりませんし、信長ももらっていない。そういうのは正当な政府とは認めない。だから、秀吉というのは反乱を起こしているのだから、足利家の遺臣に命じて討伐させたらよろしかろうという議論が出てきます。こういうのはまったく空想論なのですが、向こうから見るとそう見えるわけです。

もう一つ、韓国にとってたいへん問題なのは、元《げん》のときには高麗《こうらい》ですけれども、元に従っていた。ところが、元が衰退して明が出てきたときに、高麗はやはり明から冊封を受けている。いわば政権を承認してもらった。ところが、李《イ》成桂《ソンゲ》という者が出てきてこれを倒して李朝を創立した。これは明にとってははなはだメンツをつぶされたわけで、自分が承認している政権を勝手に滅ぼしてしまったのですから、こういう場合は非常に危ない。

李成桂は有能な政治家ですから、すぐに明のほうに使いを出して国号をいただきたいと言います。なかなか利口な人です。そうすると明の太祖の朱元璋《しゅげんしょう》が「李氏朝鮮」と名づけます。「朝鮮」という名前はそこから出てきます。ですから、韓国人はこれをいやがるところがあるのですが、「李朝」という言葉は使いませんで、「朝鮮朝」という言い方をして、あくまでも王朝の名前だとしております。普通は「李氏朝鮮」という言い方をいたしますから、それによって初めて明から正式に承認をされたことになります。

いちばん怖いのは明でありまして、国王が明に黙って日本に行くなんていうことはとうてい初めからできることではありません。最初のこの秀吉の要求は、向こうから見るとはなはだ常識はずれなのですが、向こうも日本のことがわからない。こういう問題が出てまいります。

封建制の国、中央集権制の国

どこからこういう差が起こったかと申しますと、日本というのは封建制の国です。秀吉も当然それを認めまして、それぞれの所領の所有権を認めてこれを安堵している。安堵するかわりに自分に忠誠を尽くせという相互契約になっています。これをはっきり指摘しておりますのが海保青陵という人で、武家の上下も取引にすぎないということを言っている。これは確かに一種の取引、契約です。

ところが、韓国にはそういう伝統は全然ありません。あの国は極端な中央集権の国で、封建制というのはないわけです。宋もありませんし、明も清もありません。東アジアで封建制があったのは日本だけです。中国や韓国でよく封建制という言葉を使うのは少し意味が違いまして、日本のような封建制があったわけではないのです。日本の封建制はむしろ西欧に似ております。

韓国はあくまでも中央集権制であって、政府がまん中にあるわけです。ここから地方官、今の県知事のようなものを任命します。これが八道と言いますから八人おります。今で言う県知事の任期が三六〇日、最長二年。きわめて短い。あまり長い間置いておきますとその下の人民と結託して反乱を起こすといけないというので、任期を一年から二年の間に区切る。その下の人が郡長になりますが、これも任命で、四年までとしております。

次に、古い儒教の国には王土思想というものがあります。日本の律令制はそうですけれども、国土は国王のものであるという考え方です。これはイデオロギーとしてはある程度日本にも残っておりまして、版籍奉還《はんせきほうかん》のときにはそれが出てくるのですが、日本には建前《たてまえ》と本音《ほんね》がありますから、王土思想がいちおうあるようでありながら、「貞永式目《じょうえいしきもく》」以来、所領の所有権は全部武家法で認められていて、みんな所有権があります。そのくせ王土思想はいちおうある。ところが、韓国はそうではなく、これを非常に厳格に実施いたし、朝鮮の国土の所有権は全部国王が持つことにしております。

いったいどうするのかと申しますと、科田法という法律がありまして、王族とか各省庁に一定の面積の田の、租税の徴収権を与えることになっています。これは土地ではなく、年貢をとる権利を与えるわけです。簡単に言えば六省といって六つ省があるのですが、それぞれの省が一定の面積の田から租税を徴収する権利を持っていて、それによって政府を運営する。これを科田法と申します。

ところが、官吏がだんだん増えますと、方法がなくなってきます。科田法は世襲を認めていたのですが、それをやっておりますとどんどん科田が増えてしまいます。ですから、世祖《セジョ》（注：李朝の第七代の王。在位一四五五～一四六八年）という人のときに職田制に改めます。というのは、一定の職に就きますと一定の徴税権がもらえますが、これは相続できません。そのために一代きりで月給をもらっているのと同じです。

その次になりますと、もっとこれを統制して、全部政府で徴税をして、米で月給を払う。それだけにしてしまう。ですから、所領の相続という概念が全然ないですし、土地の所有という概念もありません。もっともこれは表向きでして、裏では私有化が相当進むのですけれども、法的には私有は絶対に認めないという方式をとっております。

それではいったいその官吏になれるのは誰か。日本のように群雄が割拠して政権をとるわけではありません。中国と同じように科挙という試験制度を実施いたし、この試験に通った者だけが支配階級になる。中国の場合はこの試験は中国人ならば全員に受験資格があるのですが、韓国の場合はそうではなく、両班《ヤンバン》という支配階級にだけ受験資格があります。

しかし、両班は一つの受験資格を持つだけで、別に収入があるわけではないですから、官職に就かないといっさい収入がないという、非常に妙なことになります。ですから、韓国では李朝の政争という有名な言葉があるように、足の引っぱりあいがものすごくなるのは、単に官位だけではなくて、その裏に全部の収入がくっついているからです。

この点は共産圏とどこか似ております。日本の場合は徳川時代でも官職を免じられても自分の所領はありましたけれども、韓国では官職を免じられるといっさい失ってしまう。いわば私有財産がないような状態になります。

ただ、今申しましたように制度は表面的にはたいへん整っておりました。国王の下に領議政という総理大臣がおりまして、その下に左議政、右議政という副総理が二人、その下に六省という六つの省があって、それぞれの大臣を、判書《ハンショ》と言います。それから、地方長官が八人。その下に郡長がいる。これが全部任命制で、税金はすべていちおう国王が取りまして、それを月給としてみんなに払うという形になっております。

ですから、下剋上などというのは初めからありませんで、李朝創立以来、こういう形で停滞をした状態ですが、制度は非常に整って、二〇〇年目に秀吉の朝鮮征伐が始まるまではほぼ平和でした。北のほうで満州のジュルチン族が侵入してきたことが二回ほどありますけれども、それも大した問題ではない。もちろん内乱はありませんし、一回も戦争はありませんでした。国中が完全な平和でありまして、戦争の体験が全然ないわけです。

ですから、ある意味では文化が非常に発達をいたし、李朝のさまざまな文化が起こることになります。彼らはたいへんにプライドを持っています。同時に、官僚にはみんなむずかしい試験制度によってなりますから、日本から見ればすべて大学者みたいなものです。七歳のときに孟子を全部暗記したり、八歳のときに『資治通鑑綱目』を読んだりしている。『資治通鑑綱目』というのは膨大なものでして、八歳のときにそれを読むということはとても考えられないのですが、みんなそういうふうに儒学の大学者でありました。そうでないと官僚になれなかったわけです。

秀吉の妄想

日本のほうは、さて、戦国武将は漢文が読めたかというと、はなはだ怪しいところがあります。また漢文が読めなくてもいい。読みたければ坊さんを雇ってきて読ませて、解説させればいい。これは日本的な合理主義ですが、だいたいにおいて武将は漢文は読めませんでした。ですから、彼らから見ると日本というのはたいへんにわけのわからない国で、何だかわけのわからないのが今度政権をとったらしい。そこから国王に来いと言っているということになります。

実はそのときに手紙が来ます。その手紙を持ってくるのが対馬の宗義智の部下である柳川《やながわ》調信《しげのぶ》と申します。この人に関しては『懲毖録』と『両国壬辰実記』で少し違ってくるところがありまして、柚谷康広《ゆたにやすひろ》ともなっています。この人が国書を持ってくる。

この中に実は秀吉の、「今、天下は朕《ちん》が一握に帰す」という言葉が出てまいります。秀吉にしてみますと、日本国六十余州を自分はすでに掌握《しょうあく》したという意味なのですけれども、ここにまず両方の誤解があるわけで、「天下」という言葉を韓国で使いますと、中国を中心とした全世界という意味になります。秀吉が言っている「天下」はあくまでも日本のことであって、天下をとったとか、天下分け目の争いとかわれわれはよく言いますが、関ヶ原は天下分け目の争いといったところで、あれは日本国内の争いです。

秀吉はそのつもりで平気で、自分は天下を握ったと言っている。しかし、韓国の人がこれを読みますとたいへんなことなんで、北京かどこかを占領して全中国から東アジア全部を支配したという意味になります。

秀吉が北京に入りまして全中国、すなわち天下をすでに彼が手に入れたのであれば、ちょっと来いと言われれば国王が行かざるを得ないと思うでしょう。ところが実際は、秀吉が掌握したのは日本という島だけですから、向こうにしてみますと、どう返事を書いていいかわからないということで返事が来ません。秀吉は、こちらから手紙を出したのに返事もよこさない、いったい何事かと憤慨《ふんがい》をいたします。そのへんから誤解が出てまいります。

しょうがないというので、今度は宗義智が二度目の使いとして韓国にまいります。このときに最初に行った柚谷康広が韓国をずっと眺めまして、このことは『懲毖録』にも出てくるのですが、おまえたちは気の毒だ、たいへん無力な人間だと言うわけです。

韓国では外国から使いが来ますと、人民を徴用して道の端にずっと儀仗兵《ぎじょうへい》を並べておく習慣があります。一種の威圧のつもりがあったのでしょう。しかし、柚谷康広のような戦国武士はさんざん戦い抜いていいます。当時、日本は信長以来、三間半柄《さんげんまなかえ》といって槍《やり》の長さが六・三メートルちょっとありました。六・三メートルの槍を使うというのはたいへんな技術だろうと思いますが、みんなそれを使うのがあたりまえにしていた。ところが、韓国の儀仗兵の持っている槍は身の高さしかない。それを持って立っている。そうすると彼は、「こんなものを持って何の役に立つんだ」といって嘲笑《ちょうしょう》するわけです。

次に、途中で知事が迎えに出ます。その知事は髪の毛がまっ白だった。彼もまっ白です。自分は一生戦場で過ごしたから髪の毛がまっ白になるのはしょうがないけれども、おまえのような人間が髪の毛がまっ白になるのは、一生妓生《キーセン》の中で過ごしたからだろうと悪口を言う。そして最後に、「おまえの国はいずれ滅びるだろう。こんなことなら一気にやられてもしょうがない」という妙なことを言うわけです。

ただ、彼は非常に親韓的で、彼は対馬の人間ですから、それまでも何回も韓国と貿易をしております。むしろこんな状態でこんなことをしていると今にたいへんなことになると一生懸命警告をしているのですが、韓国のほうから見ると、あの人ははなはだ失礼な男で、礼儀をわきまえない、あんなやつとは口もきけないということになります。

そのあと、彼の上役である義智がまいります。秀吉は、上洛を命じた国書に返事もよこさないとは何事かとたいへんに怒ります。宗家というのは対馬におります。日本人は対馬は日本の領土だとずっと思いこんでいますけれども、非常に微妙な関係にありまして、所領は秀吉に安堵してもらっておりますから確かに日本の領土ですが、しかし、米ができない。そのために韓国から米と豆を毎年二〇〇石ずつ支給されている。

そのかわり韓国の物品を日本に輸出するための商館のようなものを釜山に持つ。そういう位置にありますから、韓国から見ると、自分が禄《ろく》をやっているのだから、藩臣といって自分の領土外の臣下であると見ている。日本のほうは日本の領土だと見ている。両属制と言いますか、沖縄がそうだったのですが、ややそれと似ているところがあります。

宗義智は向こうのこともよく知っていますから、韓国王に日本に出て来いといっても絶対に出て来れるわけがない、どうしようか、しょうがないから使いだけは出して何とかうまく両方の間を取り持ってしまおうと思います。彼は両方になかなか本当のことが言えないでいろいろ小細工をするものですから、最後になりますと、見ていると非常に気の毒なのですが、朝鮮の役を引き起こしたのは彼の責任だなんていう言い方になってしまうわけです。朝鮮国王に上洛を命じるというようなことは彼は全然おくびにも出しません。

ただ、足利以来ずっと通信使が来ております。これは今の通信と意味が違いまして、信を通じるという意味で正式な国の使節で、通商使というのはただ商を通じる経済関係だけですが、通信使が来るというと正規の国交があるということです。

足利時代、韓国と日本の間には正規の国交があった。これは韓国は何も抵抗がないわけです。向こうも朝鮮国王を命ずという冊封を中国からもらっておりますし、足利氏も日本国王となすというのを中国からもらっている。両方とも中国から承認されている政権ですから、そこに使いを送ることは別に何でもないわけです。

これは当時の東アジアの外交上のルールみたいなものでして、別にそういう冊封をもらったからといって臣下になっているというわけではありません。もちろん両方とも貢物《こうもつ》を持っていきます。朝貢《ちょうこう》というのをやるのですが、実はこれは貿易であって、朝貢した以上の物を持って帰ってきますから、中国はこれが多くなると困るので、あまり貢物を持ってくるなということになります。

だいたい日本が持っていくのは銅です。これは日本の最大の輸出品です。次に日本刀。これも輸出品です。向こうからもらってくるのはいつも絹、それからおもしろいことに永楽銭《えいらくせん》とか洪武銭《こうぶせん》とかいう明銭《みんせん》です。

ですから、足利時代に流通しているのはみんな洪武銭と永楽銭であって、日本国内で鋳造した私鋳銭は流通を禁じているわけです。おもしろいことに輸入したお金が正貨の通貨であって、各地方の豪族がその真似をして勝手にそれから型をとった私鋳銭は流通を禁じております。なぜかと申しますと、このお金はまず全部幕府の手に入りまして、そこから出ていくからです。

これはいわゆる官許貿易ですから、まずいちおう幕府のものということが建前になっておりますから、経済権を握るためにそういうことをしていたわけです。ですから、当時、日本と韓国、中国の間というのは別に問題はなかったのです。

韓国側もこれをよく知っておりまして、『懲毖録』に出てくるのですけれども、ある程度見ていた人間は、日本というのは相当危ない国だと言います。日本との間に絶対に使いを絶やしてはいけないという言葉もあるわけで、国王もいったいどうしようかと非常に考えてしまう。

申叔舟《シンスクチュ》という人が臨終のときに、当時の韓国王の成宗《ソンジョン》が何か遺言がないかと言ったところ、「日本との平和関係を絶対に失ってはいけない。だから、通信使をいかなることがあっても出せ」と言っています。しかし彼にすると、まず明の許可を得ないと日本に対して使いを送れない。

ところが、当時は彼らは非常に海を恐れました。対馬まで行って波風がひどいと、だいたい宗氏に国書を託して帰ってしまうというようなことをしばらくやっています。しかも足利家がいなくなってしまいますと、どこに使いが行っていいかわからないということで行かない。間が途切れています。

ところが、そういう申叔舟の遺言もありますし、どうしようかということになる。じゃ、密かに使いだけはやってみよう。しかし、やったことを明朝に報告していいかどうか。これがたいへんな議論になります。

ですから、秀吉が国王に上洛を命じて、もしもこれが上洛をしてきたら明国との戦いを韓国に命じる、というようなことはまったく妄想《もうそう》なのですけれども、秀吉はまったく国内と同じつもりですから、そういうことを言っているわけです。

認識が違いすぎることで行われた細工

韓国からやっと使いが宗義智と一緒にまいります。黄允吉《ファンユンギル》、金誠一《キムソンイル》の二人が正使・副使になりまして、許筬《ホソン》という人が書記官という形で、随員を従えてやってくる。ところが、非常に困ったことに、先ほど言いましたように李朝の政争というのはひどいわけで、正使の黄允吉は西人派、金誠一は東人派です。

韓国では住んでいるところが東と西で派閥が分かれておりましたから、正副使の二人は口をきかないぐらいに仲が悪い。派閥人事でしょうがないからこういうのが日本に来て、両者がことごとく逆の報告をするということになります。

来てみますと、秀吉がいない。いないわけでして、小田原征伐で小田原に行っているときですから、七月二二日に京都に来たのに、やっと面会ができるのが一一月七日。その間、京都の大徳寺《だいとくじ》で待たされているわけです。彼らが日本はまだ内乱が終わっていないと見るのも当然で、これが侵入してくるなんていうことはないだろうといちおう思います。

国王が来たわけではないのですけれども、いちおう通信使が来た。国王が来ないのは何か事情があったのだろう。いちおう会おうということで秀吉が会います。ところが、会ったときの記述がいろいろ出てくるのですが、これが読んでいると非常におかしい。

日本人というのはしばしば天衣無縫、何も飾らない人間を愛するところがあります。秀吉もたいへんそういうところがある人で、すべて簡素なのがいい。とくに武家はそうで、仰々《ぎょうぎょう》しいことを嫌います。しかし向こうはそうではなく、韓国文化とは何かというと事大主義だという言葉があるぐらい、そういうことにはたいへんにうるさい。

儀礼とか、とくに五経の「礼記《らいき》」通りにすべてのことが行われなければいけないというたいへんな建前論があります。派閥争いのほとんどがこういうところが出てくる。朱子の礼論、礼というのはどうあるべきかということの議論から派閥が分かれ、礼の仕方もなかなかうるさいわけです。

とくにそういうことがうるさいのは副使の金誠一のほうでして、対馬に上陸して宗義智がごちそうをする。お寺で待っているときに、義智があとからやって来ます。しかも籠に乗ってやって来た。たいへんに怒りまして、「国王の使節がちゃんとここに座っているのに、おまえ、籠に乗ってやってくるとは何事だ。ここでもうおれは帰る」と言い出す。それをおさめるのがたいへんです。そうやってやっと秀吉と会うわけです。

秀吉と会うときも、何もない。秀吉がやってくると前に杯《さかずき》があって、少し濁《にご》っているお酒があるだけです。それを飲んで終わってしまう。秀吉がふっと奥に立ってしまいます。そして、平気で赤ん坊を抱いて出てくる。これがまず彼らにとっては非常に異常なのでありまして、国使を迎える席なのに、奥へ行って赤ん坊を抱いてくるとは何事だということになります。ところが、その赤ん坊がいきなりおしっこをしてしまう。「遺溺《いにょう》」という言葉が出てきますが、秀吉は笑って赤ん坊を女官に渡して、服を替えてまた出てくる。そういう記述があります。

こういうものを見ますと目に映るようです。襟《えり》を正して威厳を重んじなければならないと思っている人の前に平気で赤ん坊を抱いて出てきて、それがまたその場でおしっこをしてしまう。そういう状態でいちおう面会は終わって、秀吉が国書を渡し、彼らも国書を渡します。その国書を読んでみますと、ただ政権ができておめでとうございますというようなことしか書いていないわけで、絶対上洛するとも日本国に従うとも何とも書いていない。ただそれだけです。もちろんそれだけのはずでありまして、韓国のほうでそれ以上のことを書けるわけがないんです。

ところで、秀吉はこれをどう解釈したのか。すなわち使いをよこしたということは、戦国時代ですと、すでにある程度相手に従ったということです。事情があって自分がどうしても行けないときは使いを出します。いわゆる駕《が》を枉《ま》ぐと言いますが、挨拶をするだけで両方はある程度、支配・服従の関係になる。腹芸みたいなものでして、そこに何も書いていなくてもそういうことになります。

また宗義智もこれが決裂してしまうと非常に困る。国王も来ないし、使者が来たといったところで日本に従うとも何とも国書には書いていないじゃないか、こんなのは追い返せというようなことになるとたいへんに困るというので、いろいろと宗義智が間を取り持ちまして、いちおうこれで韓国が日本に従ったかのごとき誤解を秀吉は持つわけです。

そこで彼はこれに対して国書を渡します。ところが、その国書を読んで、今度は韓国側が驚いてしまいます。ここに非常に不思議な言葉がありまして、早く明朝に行って日本に貢を入れろと命ぜよということが出てまいります。と申しますのは、明朝は日本に従えということで、ノーと言えば日本は攻めこむぞという、一種の宣戦布告文書みたいなものがくるわけです。

これはたいへんな文書なはずなのですけれども、これをまた宗義智がごまかしまして、入朝するというのは日本も入朝することがあり得るという意味だと説明をいたします。確かにそこの文書を読んでみますと、間で誰かがいろいろやったのでしょうけれども、ちょっと不明なところがあります。そう説明をいたしますから、彼もいちおうそれで納得をして帰ります。

ですから、これは非常に変なことで、韓国のほうから見ますと、日本も中国に入朝する。そうするとそのうち秀吉は中国から日本国王に任じられる。こうなると韓国と同格になって、両方の間で通信使が行ったところで少しも中国ににらまれる心配はないと思います。しかし、秀吉の言っているのは逆で、入朝をしなければ討伐《とうばつ》をするぞということです。

これは両方の誤解というよりも、間に立った者が、これは認識が違いすぎる、方法がないということでいろいろ細工をした結果、両方ともわからなくなってくるということだと思います。

相手が何をするかわかっていない者同士の次の手

彼らが韓国に帰ります。そうするとそこでまず大問題になるのがこのことを明国の政府に報告しようかしまいかということです。いろいろな議論がありました。何しろ中国の皇帝の許可も受けずに勝手に使いを出したのだから、どんなにとがめられるかわからないから黙っておれという人もいれば、いや、もしも行ったことがほかから漏れたらもっとおかしなことになるから、あらかじめちゃんと言ったほうがいいのではないかということになります。

ところが明のほうは、どこの国でもスパイ政治というのがあるらしくて、朝鮮が日本に使いを出したことをちゃんと知っている。その報告が来るか来ないかを待っている。来なければちょっと怪しいぞと思っているところに報告がまいりますので、いちおう了解をすることになるわけです。

黄允吉という正使と金誠一という副使がそれぞれ奏上《そうじょう》いたします。黄允吉という正使は西人派に属します。秀吉に会ったけれども、どうも日本というのは理解できないところがある。確かに彼らにとっては本当に理解できないところがあったのだろうと思います。ただし、眼光炯々《けいけい》としてただ者とは思えない。非常に危険である。侵略の恐れがあるからすぐに韓国は準備をしたほうがいいだろうという報告をいたします。

ところが、副使の金誠一が、そんなことは絶対にありませんとまったく逆のことを言います。「その目は鼠《ねずみ》の如く、畏《おそ》るるに足らず」ごく凡庸《ぼんよう》で、最低の人物というのでしょうか。ネズミのような顔をしていたというのは事実なのでしょうけれども、色がまっ黒で、貧相でネズミのような顔をしているような男で、そんなことはとうていできるはずはない。そんなことを言って国民を驚かすことは、はなはだ黄正使はよろしくない。絶対に侵入はいたしませんといって断言をするわけです。

韓国の政府はこのときは柳成竜という人が総理大臣でしたが、困ったことに彼は西人派です。副使であっても自分の党派のほうを無視するわけにいかない。しかし、彼自身はどうもおかしいとは思っているのですけれども、いちおう日本の侵略はあり得ないということにして、謀議《ぼうぎ》を進めようという政策を全部やめてしまいます。

これはまったく不思議です。こういうことはもちろん日本側は知らないのですが、韓国側も日本というのは何をしだすか全然わかっておりません。

秀吉にしてみますと、韓国はすでに日本に従ったのだ。それじゃ韓国を通過して明国に攻めこもうということになります。そうしますと今度はこのニュースが朝鮮に入ってまいります。おもしろいことにこれは明国側から入ってきます。だから、倭寇《わこう》、その他も明に行ったわけで、明からの使いもあちこちにいましたが、琉球、その他を通じて明朝のほうがむしろ日本の国内を正確につかんでいたらしきところがある。

韓国のほうは逆に克明にはわかっていないところがあります。それでこれは非常に危険であるということになるのですが、それでもまだ両方とも、そんなことはあり得ないだろうと思っているわけです。

いったい秀吉がどうしていきなり韓国に攻めこんで行ったのかというのは、今に至るまでよくわからない点があります。ただ、韓国というのは非常に原則論のうるさい国ですから、秀吉が攻めこんできても、今の国防大臣になりますか、陸相は武官を登用しない。政府の高官は全部文官でなければいけないという原則になっていますので、そういうことになっても全部文官になっておりました。内部は常にこういった政争だけが行われておりまして、実際的には何ら対策をしておりません。

日本側のほうも実は韓国のことが何もわかっていない。ですから、韓国に攻めこんで行って韓国を全部占領してしまおう。そうしてしまってから、おまえの所領は安堵してやるといえば、今度は韓国が日本側に付いて中国に攻めこむだろう。秀吉はそう思っているわけです。したがって、和戦両様の構え、まさに島津家にやったと同じような態度をとりまして、いつでも戦闘ができるように戦闘準備を進める。それでいながら、もう一回交渉をする予定でいます。

そこにまた秀吉の場合はたいへんな間違いがありました。韓国に攻めこむならいちばん重要なのは海上権である。制海権を失うと方法がなくなる。そうすると水軍がいちばん大事になります。

ところが、彼は水軍を扱った経験がほとんどありません。毛利家はあるのですが、彼はいつも陸戦しかやっていない。そのために編制表を見ますと陸軍が一五万人、水軍のほうは一万一〇〇〇人。ほとんど数にならない。しかもそのうちで本当に水軍が扱えるのは藤堂高虎の藤堂水軍と九鬼嘉隆の九鬼水軍。この二人だけであって、あとは脇坂安治《わきさかやすはる》とか加藤嘉明《かとうよしあき》とか、賤ヶ岳《しずがたけ》の七本槍ならいいのでしょうけれども、海というものに出たことのない人間が水軍の指揮官になっている。ですから、この方面の準備が完全にできておりません。

しかし、いちおうそれで彼は韓国の出方を待っているのですが、宗義智、その他にいかに言っても、あとから韓国から何の連絡もない。そこで彼はいきなり進撃命令を発することになります。

先ほど述べたように二〇〇〇年戦争をしたことのない国で兵隊がいないも同様ですから、あっと言う間に全土を占領されてしまいます。ところが、ここで秀吉が非常に大きな失敗をするのは、明が攻めこんでくることを全然予期していなかったということです。

次に、水軍が絶対に必要だった。平壌まで小西行長《こにしゆきなが》が行くわけですが、糧秣が運べない。これは海で運ぶ以外に方法がないですから、水軍がないので海から運べないという状態を現出してしまいます。そこで北から中国軍が一斉に南下をしてくる。ですから、最初の目算が全部狂っていますから、ここですぐに撤退をしてしまったほうがよかったのですが、グズグズグズグズして、ついに八年間ここで戦っていたわけです。

この間、当時の日本人が非常に驚いたのは、義兵というものが出てきたことです。義兵というのは今の言葉で言うと義勇兵になります。義勇兵の隊長と加藤清正《かとうきよまさ》との問答が出てまいります。秀吉もそうですが、加藤清正も日本から使者が行ったときに日本に臣従したものと思っているんです。それは天正一八年（一五九〇年）ですけれども、義兵の隊長との間で、「おまえの国から使者が来たときにちゃんと日本に従ったと日本人は思っている。それは事実ではないのか」「それは事実ではない」「じゃ、宗義智が嘘《うそ》をついたのか」「義智がおまえたちをあざむいたのだ」というような議論が出てまいります。

日本軍はそのつもりでいても向こうはそのつもりではないですから、たいへんな不信行為をされたと日本は思っているのですが、向こうからしてみればとんでもないことをされたということになってきます。

義兵というのは簡単に言うと今のゲリラ戦ですが、これは戦国時代には全然なかったものです。どこかの国をとっても、そこの農民は知らんふりしている。関係がない。新しい領主が来れば今度はそっちに年貢を納めればそれでいいという態度をとっていたわけで、今までの領主のためにゲリラ戦をやろうというような日本人は一人もおりませんでした。

韓国ですとそれが出てまいります。非常に民族的な意識と誇りが高いですから、こういう連中にやられてなるものかといって抵抗する者が出てきます。

ただ、おもしろいのは、『両国壬辰実記』だけではなくて明側にも史料があるのですけれども、明の史料を見ますと、韓国というのはとんでもない国だ、自分の国のことなのにいっこうに戦闘しようとしない、明にばっかり戦わせようとしているといってさんざん文句を言っています。

ところが、韓国側の史料を見ますと、明というのは来ていたずらに謀略を働き、略奪をするだけで、いっこうに戦う気がないとやはり文句を言っているところが出てまいります。同盟軍とか援助軍がその国に入ってくることもまた非常にむずかしい問題だという感じがいたします。

家康と秀吉の外交力の差

戦争の経過は省きますと、これはあまり評価されていませんが、家康はこれをダラダラ何だかわけのわからないものにしてしまわないで、韓国との間にちゃんと講和条約を結んでおります。ずいぶん問題はあったものの、いちおうここで平和を回復します。

そのときに韓国側が何を要求してきたかと言いますと、成宗《ソンジョン》（注：高麗の第六代王）の墓を暴いた人間を戦犯として引き渡せということでした。これはものすごい損害を受けたわけで、当時のいろいろな韓国の記録を見ますと、日本軍も相当ひどいことをしているのですが、明軍というのがまたたいへんによろしくない。

日本人の首を切って一つ持っていくとどれだけの賞金がもらえる、何階級上がるとかいう規定があったらしいんです。気の毒なことに日本軍がいないものですから、朝鮮人の首を切って持っていったという話が出てくる。まったくこれもひどい話だと思います。

そういうたいへんな目に遭っているのですが、それに対して損害賠償を求めるということが全然ありません。成宗という韓国王の墓を暴いたということがあったのかなかったのか明らかではありません。だいたい日本人には墓を暴くような趣味はないのですが、何か間違えてそういうことをやったのかもしれない。その犯人を引き渡せということだけが向こうの要求です。

　ところが、そのときにすでに戦争が終わってから二〇年たっておりましたから、誰がやったのかもうわからない。非常に困るわけです。そこは日本人はたいへん適当でありまして、対馬の宗氏が、これから死刑にしなければいけない泥棒を、この男だといってそれを送ってしまいます。

　ところが、その泥棒は二〇歳ですから、事件が起こったのは一歳のころになります。ですから、そんなはずはないのですが、向こうも事情がわかっていたのでしょう。韓国から文句が来なくて、それを市《いち》にさらして（注：市場《いちば》などの町中《まちなか》で、さらし者にして）切ってそれでおしまいにしてしまった。そういうことで向こうから通信使が来るようになっているわけです。

　徳川時代はいちおう両国は和平関係が樹立されておりますが、詳しく見ていきますと先方は全土が戦場になって、実にたいへんな状態です。しかし、そういうものをいちおうここで打ち切って、新しい関係を樹立したということです。

　ところが、外交交渉はおもしろいもので、家康というのはなかなかの策士ですから、当時、家康が天下をとったときに、諸侯の力をそぐためにもう一回朝鮮征伐を命じるだろうというのがほぼ定説になった一時期があります。そうなりますと、当然、韓国のほうに聞こえます。

日本の捕虜になった姜沆《カンハン》（注：『看羊録』の著者）なども家康がいちばん危ないと警戒しているところがあって、今に来るのではないかという心配がある。そこへ講和の使節が来たものですから、喜んで最低の条件で講和に応じてしまったのだろうと思われる点があります。

これは家康が外交的になかなかうまかったところです。どこにその差が出てきたかと言いますと、家康は非常な勉強家だったということです。自分の経験則だけを絶対化していなかった。ですから、韓国、中国のことをずいぶんよく知っています。

秀吉というのは確かに天才的な人間でしたけれども、積極的に何かから学ぶという点がありません。むしろ自分の成功の経験だけを絶対化していった。そこに大きな違いが出てくるのだろうと思います。

価値観の違いが引く国境線

東洋人だから……は錯覚

「知価」は一つの流行語となったが、この問題は当然に「価値観」ないしは「価値感」に関連する。そして世界の各民族の価値観は決して同じではない。

日本人は非常に価値あるものと見るが、外国人にとっては無価値のものは、もちろん存在し、意外に広い範囲にわたる。このことをはっきり認識しないと危険であろう。

今その極端な例を一つあげてみよう。それは茶碗・茶器・茶室である。

キリシタン宣教師ヴァリニャーノの『日本巡察記』（松田毅一他訳）に次のような記述がある。

すべてこれらの〔茶の湯に用いる〕容器は、ある特別なものである場合に――それは日本人にしか解《わか》らない――いかにしても信じられないほど彼等の間で珍重される。我等から見れば、まったく笑い物で、何の価値もない茶釜一個、五徳蓋置《ふたおき》一個、茶碗一個、あるいは茶入れ一個で、三〇〇〇、四〇〇〇、あるいは六〇〇〇ドゥカード、さらにそれ以上の価格のものがある。

豊後《ぶんご》国王（ドン・フランシスコ・オオトモ）〔大友宗麟〕が陶土製の茶入れ（似たり茄子《なす》）を私に見せたことがある。それは実際のところ、我等から見れば、鳥籠に入れて鳥に水を与えること以外には何の役にも立たないものであるが、彼はこれを自ら銀九〇〇〇両《タエス》、すなわち約一万四〇〇〇ドゥカードで購入した。私ならば事実、一、あるいは二銭《マラベディ》以上は出さないであろう。

ヨーロッパ人の彼が、茶器の価値などまったく認めないのは、当然かもしれぬ。では東洋人はどうであろうか。

われわれは何となく「東洋文化」というものがあって共通の価値観を持っているような錯《さっ》覚《かく》を抱いているが、茶器や茶室に対する評価では、韓国人はヨーロッパ人とまったく同じなのである。

ヴァリニャーノより少し遅れて、韓国人姜沆は、慶長の役で捕虜となって日本に連れて来られ、『看羊録』を記したことはすでに述べた。その中で彼は次のように記す。

堀田（古田）織部なる者がいて、ことごとに天下一を称しております。花や竹を植えつけたり、茶室をしつらえたりすれば、必ず黄金百錠《じょう》を支払って〔彼に〕一度鑑定を求めます。炭を盛る破《や》れ瓢《ひさご》、水汲み用の木桶《きおけ》でも、もし織部がほめたとなれば、もうその価は論じるところではありません。

〔このような〕習俗がすでに成立してしまっているので、識者が時にはあざ笑ってみても、禁止することはできなくなっています……。

この『看羊録』の訳者朴鐘鳴《パクチョンミョン》氏は、その註に「朝鮮には、ここに見られるような骨董《こっとう》趣味はほとんどない。儒学者の間ではなおそうである」と述べられているから、ヴァリニャーノと同じような評価とみてよいであろう。その彼は茶室を次のように記している。

その大きさは舟ほどあって、〔屋根は〕茸茅《しょぼう》（枯れ草、かや）で覆《おお》い、〔壁は〕黄土を塗り、横門に竹扇《ちくせん》（竹製の扉）をそなえる、といった具合に、極《きわ》めて倹約に務め〔質素にしつらえ〕ます。小さな穴を〔壁に〕闢《ひら》いて、やっと〔人が〕出入りできるようにし、上客（貴《き》賓《ひん》）がくればその穴を開いて迎え入れ、その中で茶を飲みます……。

どうしてもわからないこと

富強を誇る者がなぜこのような家を建て、貴賓をなぜ「穴」から招じ入れるのか、姜沆にはどうしても理解できない。

そこで、質素を誇示《こじ》するためとか、突発的な闘争を防ぐため従者を離して二人だけで密談するためとか、さまざまに解釈しているが、この茶室もまた古田織部が鑑定すれば決して安いものではあるまいし、それは人も知っているから、質素の誇示にはなるまい。

さらに暗殺その他を謀《はか》るなら茶室は最も便利なはずだし、密談なら縁の下で聞くことができるから、広大で見通しのきく場所のほうがよいはずである。

もちろん茶室が悪用されるケースはあったであろうが、それは、茶室をつくる本来の目的ではない。では一体、何を目的にこのようなものをつくるのか。その価値観は結局、姜沆にもわからなかった。

以上は一例にすぎない。われわれの日常の生活にも、また政治・経済の諸現象の中にも、以上の茶器・茶室に象徴されるような独自の価値観はきわめて多いのである。これを忘れてはならないであろう。

第三章　日米愛憎関係の深層

日本人のアメリカに対する感情は一筋縄ではいかない。歴史的に培われた「対米愛憎両端感情」からの脱却が求められる日本……。アメリカの「別の顔」をあぶり出しながら、日本の対米戦略を考察する。

「対米愛憎両端感情」の克服

反米と親米の間

人間が一面において、強い「感情的動物」であることは否定できない。そして多くの場合の「感情」は必ずしもすっきりと割り切れるものでなく、愛憎両端とも言うべき複雑な様相を呈するのが普通である。

そしてこの状態の処理には、合理的方法が歯が立たないがゆえに、相当にやっかいな問題と言わねばならない。

イスラム教徒のキリスト教圏に対する愛憎両端はさまざまな点ですでに論じられてきたが、今回のイランの問題（注：一九七九年に親米のパーレビ政権が倒れ、シーア派のホメイニによるイスラム革命が勃発《ぼっぱつ》）などもこの点から見ていくと興味深い。

その政策は極端に親米から反米に揺れ動くが、彼らの亡命先は常に欧米であって、ホメイニ師といえども例外ではない。

日本はいわばその愛憎両端の圏外にあり、反日ということにはならぬであろうが、いざというときに身を託す亡命先でもないわけである。

だがわれわれとて、何らかの対象に、同じような感情を抱いていないとは言えず、この点では他者を一種の「鏡」として自らを顧《かえり》みる必要があるであろう。合理的方法が歯が立たない問題には、この方法が最も有効であると思われる。

明治以降、日本と最も関係が深かった国はアメリカであり、また多くの日本人が移民しかつ定着した国も、多くの留学生が学んだ国もまたアメリカであった。

だが、関係が深かっただけに、日本人のアメリカに対する感情もまた複雑だと言わねばならず、これは戦後のことではなく、明治以来なのである。

私はかつて内村鑑三の『日記』を読み、その中に表れる文字通りに対米愛憎両端とも言うべき感情に驚いたことがある。だが現実に見る彼の「愛」と「憎」の間の振幅が『日記』よりもはげしかったことは、晩年の内村に師事した石原兵永《いしはらひょうえい》氏の『身近に接した内村鑑三』(注：『石原兵永著作集』④〜⑥。山本書店）に明らかである。

自ら英文で著書を発行して欧米で読まれ、また英文雑誌をも刊行するほどよくアメリカを知る彼の中に、このような感情が渦巻《うずま》いていたことは、不思議といえば不思議だが、当然といえば当然かもしれない。

しかしこれは彼だけでなく、ある程度すべての日本人に共通しているのではないであろうか。そしてこの愛憎両端は、時代によってその両極に揺れ動いてきた。

アメリカはあるときは「自由の里」であり、一変すれば「鬼畜《きちく》」であり、さらにこれが民主日本の「模範」になり、また一転してベトナム戦争中の「アメリカ人残虐民族説」になっている。

だがそれでいて、というより、むしろ、それなるがゆえに、過去における数少ない亡命者の亡命先はアメリカであり、もし今後何かがあれば、やはりアメリカであろう。

日本の生存にかかわる問題

愛憎両端といった状態は、ある意味では一方的でなく、常に相互に増殖する形で揺れ動く。それは振子のように一端まで行くと別の一端へと戻ってくる。そしてこの状態がすぐにストップするとは思えない。

だがしかし、現在ではすでにアメリカは模範でもなければ賛美の対象でもない。と同時に、侮蔑《ぶべつ》の対象でもなければ憎悪の対象でもないはずである。いわばわれわれはすでに、過去の愛憎両端を克服して然るべき状態にいるはずである。そして、これをすでに克服しているのは経済人であろう。

だが今日のイラン問題に対する論説や新聞の投書などを見ると、この対米愛憎両端ともいうべき状態は、まだ全日本人的には克服されていない。したがって相手を「鏡」として自己を再把握《さいはあく》することもなければ、イスラム教徒の持つキリスト教圏への愛憎両端が自分たちのそれと異質なものであることをも理解していない。そして彼らの感情に自己の愛憎両端をそのまま共鳴させているものが見られる。

しかし現状はすでに、そのような感情的共鳴で対応すべき状態でないように思われる。いわば自己がいかなる世界秩序の中で存立しているかを明確に把握し、その秩序の維持に自らが何をすべきであるかを合理的に模索すべき時代なのである。

というのは、日本は海洋国家であり、同時に通商国家であり、また無防備に等しい国家であるから、その秩序の存立は日本の生存にかかわる問題になってくるからである。

そしてこの問題を考えるにあたって、常にその合理的な把握を妨げているのが歴史的ともいうべき対米愛憎両端であり、これがこの国を、ある一国として冷静に把握することを妨げている。

自己の持つ愛憎両端を正確に再把握してそこから脱却することが、国際問題への対処の第一歩と思われる現在、そのような目でイラン問題を見ることが必要であろう。

「底流的反米感情」の実体

一貫した「反米感情ナショナリズム」

エレベーターの中で、ばったりと自動車関係の人に会って雑談した。

「驚きますなあ」彼は言った。「あの青息吐息で、今にも倒産するかのように言われたクライスラーですが、今年度の利益はトヨタを追い抜くんじゃないですか。アメリカという国はまったく振幅が大きいですなあ。ちょっと予測がつきません」

その道の専門家にも予測がつかないのだが、しかし予測していた人がいなかったわけではない。ところがそういう人の予測は少数意見で、日本のマスコミの見方はだいたい、「レーガノミクス（注：レーガン政権が一九八一年から掲げた自由主義経済政策）は失敗に終わる」であったように思われる。

なぜであろうか。いや、その前に、このクライスラー的現象が全米の全企業に波及していったら、どういう影響を日本に与えるのであろうか。それに対する的確な予測、その予測を踏まえての対策が、現在あるのであろうか。おそらく、ないであろう。なぜか。

日本人には、どこかに、アメリカを低く見、アメリカの失敗を期待したがる心理があるらしい。これを大きく「反米感情」と定義すると、おもしろいことに、これだけは戦前戦後を一貫して存在している。さらにもう少し広く「反欧米感情」となると、これは実に、明治以来一種の底流として一貫して流れているように思われる。

そこでこの反米感情が充足されたときに、心理的には実にはればれとした気持ちになる。真珠湾攻撃のときの「暗雲一気に晴れて……」はそれを示しているし、ベトナムからのアメリカの撤退のときの論説にも現れている。そのほかにも、この種の現象はさまざまな面で見ることができる。

たとえば、左から右へと大きく転換したかに見える知識人の、戦前から現在に至る軌跡をたどってみると、さまざまな思想の間を大きく揺れているように見えながら、「反米ナショナリズム」という点ではほぼ一貫しているのが見られる。

これも正確な定義は「反米感情ナショナリズム」と言うべきで、なぜその「感情」を抱きつづけてきたかの理由となると、それは明確でない。

「感情」がしばしば冷静な予測を妨げ、的確な判断を阻害することは言うまでもない。さらに、その感情に駆られて希望的観測だけを下していれば、自分自身が大きくつまずくであろう。こうなると、アメリカを研究する前に、まず「日本人の内にある反米感情」の実体を探り、それから脱却することが必要になるであろう。

いわば前記の知識人の場合、その人の思想的遍歴よりも、その起動力となっている反米感情を起こさせているものが、その人の「思想」だと思えるからである。そしてこれが、この知識人だけでなく日本人全体にある、ある種の底流だとするなら、相当に問題であろう。というのは、われわれはしばしば感情をさか撫《な》でする情報は受けつけないし、感情を充足する情報には飛びつくからである。

マスコミが商売である以上、飛びつかれ、歓迎される情報は大量に流しても、反発を受ける情報は流さないという状態に不知不識《しらずしらず》のうちになっていって不思議はない。さらに流し手自身にこの感情が潜在していれば、無意識のうちにそうなるであろう。

予測を誤らないためにも

では一体、この「反米感情」はどのようにして醸成《じょうせい》されてきたのであろうか。以前に「反米感情の研究」をはじめて、そのあまりの複雑さに中断してしまったことがあるが、ひとことで言えば、根拠はないのである。確かに日米間にはさまざまな摩擦《まさつ》があったし、現在でもあるが、他の国との間にも生じたさまざまな摩擦とは違った反応を示すのである。

いわば「アメリカには他と違って強い感情的反発を起こす」ことはわかるが、ではなぜ違った反応を示すのかとなると、それは明らかでない。

いずれにせよ「底流的反米感情なしにアメリカを見る」という方法を確立しておかないと、今後とも、さまざまな点で予測を誤るであろう。

これは政治・経済・外交等にとって相当に重要な問題だと思われるので、その研究を各方面で進めてもらいたいと思う。

「たいへんだ!」騒動の真相

「日本ブック・クラブ」はいらなかった

「牛肉問題」(注:一九八四年四月ごろの牛肉の貿易自由化をめぐる日米摩擦)が妥結したらしい新聞の見出しを目にしたが、記事を読んでみようという気にはならなかった。これが、当事者ならぬ第三者の、いわば「世間の冷たい目」であろう。だが当事者はそうではあるまい。おそらく「死活問題」と真剣に考えているであろう。

だが真剣は必ずしも「正しい」の証明にはならない。時と場合によっては「世間の冷たい目」の判断が正しいこともある。そして、当事者も、後になって冷静に事態を振り返ってみると「世間の冷たい目」と同じ目になり、別の判断を下す。これが「あと知恵」か。

こんなことを書いたのは、ほかでもない。まったく不必要なことにまったく無駄な努力をし、大きな損失となり、後に何であんなばかなことをしたのか、と思った経験が出版界にもあるからである。

それは、もうかれこれ十数年前の「アメリカ・ブック・クラブ騒動」である。「ブック・

クラブ」という企業がアメリカにある。現代のように出版点数が多くなると、読者の選択がこれに追いつかない。そこでブック・クラブに入ると、その人の基本的要請に応じた本を選択して送ってくれる。

これはアメリカで相当規模の企業らしく、広大なアメリカ中に、クラブ形式の販売網を広げているものもある。その大手が日本に上陸してくることになった。

さあたいへんだ。彼らの莫大《ばくだい》な資本は、日本の出版社をその傘下《さんか》におさめて、今までと違った直販ルートで読者直送をやるであろう。だが、コメ議員や牛肉・オレンジ議員はいても、本屋議員はいない。こうなれば対抗手段はただ一つ、自ら「日本ブック・クラブ」をつくり、これと対決して撃退するまでだ、ということになったらしい。

「らしい」というのは、すべて「お偉方」が決めたらしく、私は出資を求められただけだからである。私どものような零細出版社まで株主にしたのだから、おそらく出版界をうって一《いち》丸《がん》とする意気込みだったのだろう。そして大出版社から社員が出向して営業開始となった。だが、その後それがどうなったか私はよく知らない。

やがて減資の通知が来て、そのうち「日本ブック・クラブ」なるものは、消え去ったらしい。何やら通知が来たのかもしれないが、もう忘れた。今ではこのことを記憶している人も少ないであろう。

考えてみると実に大きな無駄をやったわけだが、さらに問題を感じたのがその「あと知恵的議論」である。それを要約すると次のようになる。

「だいたい、アメリカは国土が広くて、ちょっと本屋に行って棚を眺め、少し立ち読みをするなんてことは、ほとんどできないし、そのうえ郵便料金への負担感が、日本に比べるとべらぼうに低いんだなあ。ブック・クラブはああいう国ではじめて成立するんだ。日本で成立しなかったのは成立しない前提があったからなんだ。そこへアメリカが上陸しても失敗して撤退するに決まっていたのさ。何も対抗して日本ブック・クラブなんぞつくる必要はなかったんだ、初めから」

——それなら初めから、そう言えばよいはずだが、そのときはみんな「たいへんだ！　たいへんだ！」だったのである。

「あと知恵」を「まえ知恵」に変えたい

私が牛肉問題でこれを思い出したのは一年以上前のこと。ある有名な牛肉県の人と次のような問答をしたからである。

「牛肉問題？　うちは関係ありませんよ。アフリカ沖の鯛《たい》と明石《あかし》の桜鯛とが関係ないようなもんです」

「では自由化には賛成なんですか」

「そうはいきませんよ。業界のおつきあいがありますからな。たいへんだ、たいへんだ、断固反対、断固阻止ですよ、うちも……」

何も牛肉問題だけではない。前に通産省ＯＢの方から、貿易自由化、資本自由化のときの「たいへんだ！　たいへんだ！」騒動の話を聞き「ブック・クラブ」騒動を思い出した。

これがまったく無駄な努力と負担を業界もしくは国民全般にかけ、そのうえ対外摩擦をさらに高めるとしたら、この辺で少々考えなおす必要があろう。

「あと知恵」はもう結構で、これを何とか予《あらかじ》め冷静に対処する「まえ知恵」に変えたいものである。

「アメリカ思想」の内幕

「別の顔」がある

昨年（一九七七年）末、機会があってアメリカの宗教学会に出席した。正しく言えば宗教学会・聖書学会・オリエント学会の三学会合同・一大マンモス学会である。出席登録学者二四〇〇人、サンフランシスコのヒルトンホテルを借り切ったに等しい状態で、各分科会ごとに約五日間、研究発表やら討議やらが連続的に熱っぽく行われた。

このマンモス学会の開催にあたっては、各種の財団の援助もあったのであろう。しかしその財団とて、この学会がアメリカの社会に大きな影響力を持っていないならば、そのような援助はすまい。

私自身は、神学にはあまり興味はないので、だいたいオリエント学・聖書学の専門部会に出席し、他は垣間見《かいまみ》たにすぎないが、それでも神学者たちが、アメリカ社会のあらゆる問題に発言していることは、感じないわけにはいかなかった。

そしてそこに見えるのは、われわれが通常に知るアメリカとは「別の顔」である。

アメリカという国は日本といちばん縁が深いため、何となく完全に理解し切っているような錯覚《さっかく》をわれわれは持っている。

事実、多少英語ができればこの国に行って戸惑うことはなく、日本の常識はだいたいこの国でも通用する。

だが違和感なく理解できる面だけに接し、それ以外の面を捨象《しゃしょう》してしまえば、われわれが理解し切ったと思っている対象は、虚像にすぎないことになる。と言ってこの違和感を感ずる面の理解は、多少英語ができるからと言って、どうなるものでもない。

「神学者五〇〇〇人、教会出席率全人口の四〇パーセントか、やれやれ……」ことによったらこれがアメリカ最大の組織で、「教会の壁の中」の世論が、この国の派手なマスコミ以上にこの国を動かしているのかしれぬ。

またそれだけの実力があるゆえに、日本では想像もつかぬマンモス学会が開催できるのであり、これらがカーター（注：第三九代大統領）出現の背後にある「力」なのかもしれない。

彼の属する南部《サザン》バプティスト（注：「バプティスト」とはプロテスタント三大教派の一つ。とくにアメリカ南部では、信仰覚醒運動などで最大教派となっている）は、今では、アメリカで最も有力な教派の一つである。

最後は神学にスウィッチ

このマンモス学会を通じて、何とかこの面の概略をつかもうと思ったのだが、相手が大きすぎて手に負えない。ただ幸いなことに、私の社で発行している「聖書学論集」(英文)の寄稿者であるカリフォルニア大学の木川田満《きかわだみつる》教授が出席しておられ、一夜、とっくりとアメリカ神学会の実力をうかがうことができたのは、大きな収穫であった。

木川田教授はヘブル語とヘブル思想をアメリカ人に講じている例外的日本人。その「旧約思想の数量的研究」は学界注目の的で、同教授の主催する部会は文字通り立錐《りっすい》の余地もなく、椅子のない者は絨毯《じゅうたん》にすわってノートをとっている。

こういう点アメリカ人は実にドライで、関心を持たれない部会の部屋はガラガラ、またおもしろくないと思えば研究発表の途中でも平気で席を立つ。彼らには「お義理で……」という神経がないから、学会の関心がどこにあるか数量的につかめておもしろい。

「なにゆえアメリカでは、神学者がこれだけ大きな力を持ち得るのですか」という私のきわめて素朴な質問に木川田教授は次のように答えられた。

「これが一神教体制というものでしょう。どんな学問でも最後には神学にスウィッチする。妙なたとえになりますが、たとえば世界にまたがる大きな会社があり、その事業所ごとに電算機があってそれぞれ独立採算となっていても、最終的には本店の電算機にスウィッチしているようなものです。日本は汎神論《はんしんろん》の国だから、どこかで全体的な思想的統合が必要だという発想がないのでしょうね」

「とすると、それは西欧中世の『科学は神学の侍女《じじょ》』と同じ行き方ですか」

「もちろんその伝統でしょうが、いわばそれが民主化された状態で、神学にスウィッチしてきてそこで統合的な討論が行われ、それがまた各界へ流れ出るといった状態でしょう。中世のように中央に神学的な教義《ドグマ》があって、それが全体を統制しているわけではありません。しかしそのことは、神学に思想的影響力がないということではありません」

宇宙旅行の可否についても神学者が発言する国だから、確かに科学・技術にも影響力はあろう。また学会におけるキング教授（オリエント学会会長）の発言は「発掘の成果が聖書の解釈を変え、その新解釈がアメリカ人の考え方を変えた」とも受け取られた。

教育学的発掘も発掘で終わらず、これが神学を通じて人びとの考え方に作用していくのであり、これらを何らかの形で総合しているものが神学なのであろう。そしておそらくこれが「アメリカ思想」の内実であり、いわゆる民主主義はその手続き上の外枠《そとわく》にすぎず、この外枠が「アメリカの思想」なのではない。

「アメリカは民主主義の国」と言うとき、何やらこの点に誤解があるように思われる。

宗教支配下のアメリカ

アメリカ独特の思想問題

米韓問題、日韓問題がマスコミで取りあげられるたびに、文鮮明《ムンソンミョン》という名が出てくる。

それを読むと、ＫＣＩＡ（注：大韓民国中央情報部）と密接に関係ある宗教家らしいということはわかるが、さてその実体となると日本の新聞を見ている限りでは、さっぱりわからない。と同時に、この人物とカーター政権とはどういう関係にあるのか、またカーターのはなはだ不透明な対韓姿勢は何に起因するのか、といったこともわからない。

なぜであろうか？　はなはだ奇妙な言い方だが、それは「神学」という名の、アメリカ独特の思想問題と、それによって惹起《じゃっき》される教派問題、さらにユダヤ教との関係といった複雑な問題に、日本のマスコミが触れ得ないからであろう。

確かに教会・教派はわれわれに不得手な問題だが、これを無視すると、実体はますますわからなくなるので、この〝思想問題〟を、簡単に図式化して報道の補足としたい。

文鮮明は韓国で発生したキリスト教の一派、統一教会の〝教祖〟的人物で目下アメリカで伝道中であり、相当な影響力を持つ人物である。「クリスチャン・センチュリ」誌の「今日、アメリカで最も影響力ある宗教人」の専門記者へのアンケート調査では、「十指」には入らないが、十二、三位にあるから、相当なものであろう。

それだけに既成教会の反発も強く、最も激烈にこれを批判・攻撃しているのが、実は〝カーター牧師〟の母体、南部《サザン》バプティストなのである。

同派はアメリカの諸教派の中で最有力であり非常に保守的で、かつて進化論裁判《モンキー・トライアル》を行ったのもこの派で、「伝統的神学」の守護者をもって任じている。

また既成のキリスト教会は統一教会を教会《チャーチ》と認めず、これの加盟を拒否している。いわばキリスト教とは認めないわけで、認めないものがキリスト教を名乗れば異教でなく異端となる。

教会は伝統的に「異端の罪は異教の罪より重い」で、たとえば禅や儒教《じゅきょう》には寛容であっても、異端となれば排撃は峻烈《しゅんれつ》になる。

第二がユダヤ教徒の反発である。彼らは感情的よりむしろ論証的だから、激烈な排撃はないが、文鮮明の著書の一三〇ヵ所を問題とし、これをアンティセミティズム（反ユダヤ主義）と規定している。

こう定義されると、アメリカではまず絶対にマスコミの支持は得られない。

全教会、ユダヤ教徒、マスコミに批判されると、州政府も連邦政府もそれに拘束される。そこで第三の問題として、両政府ともこれを宗教団体と認めず、宗教法人としての免許特典が受けられないことになる。

同時に、同派の神学校に入学したいと渡航申請しても、米政府はこれにビザを発行せず、簡単に言えばこの一派の熱心な信徒の入国を拒否するという態度をとっている。

大統領であれ議員であれ、自分の選挙母体、全教会、ユダヤ教徒、マスコミのすべてを敵にまわすことは怖いし、実際にはできない。そこで対韓外交が国内向けではこの状況に合わす顔になり、国際的には国際情勢に合わす顔となって、はなはだ不透明になるのであろうと思われる。

「自分が本家」意識

ではこの背後にあるものは何であろうか。まず伝統的な「神学者の争い」であろう。この言葉はしばしば「始末に負えない争い」の意味に使われるが、これはわれわれにとって、批評の限りではない。

だが専門家以外にはわかりにくいこの論争に触発される一般庶民の感情的反発は「神学的」より「教派的」であり、同時にその一因は「韓国産キリスト教」という点にあると思われる。

日本の自動車・鉄鋼・電気製品も結局同じと思うが、これらの重工業とキリスト教は「自分が本家」だという意識をアメリカ人は持っており、とくに庶民は、それを「精神的にも物質的にも貧しい東アジアの民に与えてやったのだ」と信じている。それがアメリカへ逆上陸し、自分たちが被害を受けていると信ずると、面倒な問題になる。

物品はまだ精神的衝撃が少ないが、キリスト教となると、この「本家意識」への直接的衝撃となり、反発も強烈になるであろう。

ただ良識のある人は、少なくとも、①政府の介入は政教分離を規定したアメリカ憲法に反するし、②個人の政治活動をその教派・人種に結びつけるべきではないと主張する。とくに②は、これによる少数教派・少数民族迫害史はアメリカの汚点《おてん》であり、この過《あやま》ちは繰り返さるべきではないと言う。

「正論」であろうが、正論は常に「静かなる細き声」にすぎない。

以上はアメリカの問題であり、われわれの社会には幸いこういう問題はない。同時に、ないために理解しにくいことも否定できない。

ただこの際、アメリカには、日本的に図式化された民主主義国家とは別の顔があり、それが内政にも外交にも反映しているという事実は、見逃すべきではないであろう。

日本の対米戦略考

断絶かアメリカ化かの二者択一的思考の問題性

最初に本間《ほんま》長世《ながよ》教授（注：アメリカ思想史専攻の政治学者）の論文を引用させていただく。

「……アメリカ人は、日本の国際化の能力に見切りをつけ始めている。『フォーリン・アフェアーズ』のカレル・ヴァン・ウォルフレン氏の論文は、オランダ人のジャーナリストによって書かれたものであるが、アメリカの有識者の対日観に影響を及ぼしたと考えざるを得ない。その主旨は、日本の政治・経済体制は欧米諸国のとは全く異なるのだから、日本だけは別扱いにせよというものだった。

オピニオン誌『ニュー・リパブリック』にも、日本は日本たらしめよという評論が掲載された。日本にあれこれ注文をつけても無駄だから、好きなようにやらせて、アメリカはアメリカでみずから守るようにせよという主張である。

同じく評論誌の『アトランティック』では、日本に数ヵ月家族と共に滞在したジェームズ・ファローズ氏が、日本人の行動様式や価値観がいかにアメリカ人とは異なるかを書き続けている。日本人を説得してわれわれと同じように振舞うようにさせることを期待せず、日本人の経済価値観は根本的に違うのだから、われわれアメリカ人は、日本人と同じルールでゲームを行うのではなく、われわれ自身の選択をすべきだというのである。

日本人同士が日本国内で、日本の国際化について真剣な議論を深めている間に、日本の国際的孤立化が進行するという悪夢を私は見る」（「文化会議」一九八七年一〇月号、巻頭言「悪夢」より）

やはり問題はそこへ来たか、という気がする。問題は日本にもあるがアメリカにもあるであろう。

人間とはまことに困ったもので、自分の問題より他人の問題点がすぐ目につくもので、前記の諸論文も日本側から見れば、「自分のことは棚にあげて……」ということになろう。これはお互いさまだから、ここではまずアメリカの問題点を取りあげてみたい。

アメリカは自己の文化が人類普遍の文明だと信じて疑わない。こういう国に日本人が使っているような意味の「国際化」という言葉はあり得ない。

このことはすでに多くの人が指摘しているが、もしあるとすればそれは「アメリカ化」と同義であり、日本人が日本人であることをやめてアメリカ人になれば、そのとき彼らははじめて「日本人は国際化した」と認めるであろう。これは別に珍しい現象ではなく、自己の文化を人類普遍の文明と信じた多くの民族がとってきた態度である。

西尾幹二《にしおかんじ》氏も、「……今までは欧米で通用してきた尺度が、そのまま世界に通用する尺度でもありました。たとえば十九世紀のイギリス、二十世紀のアメリカがそうであります。彼らにとっては、日本人が使っている意味での『国際化』という言葉は必要でもなければ、その議論すらも要《い》らなかったわけです」と言われる（「文化会議」一九八八年一月号「私の中の『鎖国』意識」）。

もちろんこれは、イギリスとアメリカだけではない。かつての中国もそうであった。今でもその意識は残っているであろうが、「中華の国」に国際化はあり得ない。中国化すれば文明国であり、しなければ蛮族《ばんぞく》、すなわち「化外《かがい》の民」（教化の外にいる民）である。

冊封《さくほう》（注：一四九ページ参照）を受けて中国の宗主権（むしろ「教化権」と言うべきかもしれぬが）を認め、その礼楽を採用し、儒学を絶対化して科挙《かきょ》を実施し、聖人の教えに基づく教化と統治が行われていれば、それが文明国なのだから、中国自体が国際化するなどということは、初めからあり得ない発想である。

この点では現在のアメリカも同じである。これは西尾幹二氏も挙げておられるサンケイ新聞社の「十一時間日米討論」（注：「正論」一九八七年九月号）にもよく表れている。アメリカ側がハルバースタム（注：ピューリッツァー賞を受賞したジャーナリスト）、ライシュ（注：経済学者、元労働長官）両氏、いずれも知日家であり、この二人が日本側の曾野《その》綾子《あやこ》、唐津《からつ》一《はじめ》（注：システム工学者）両氏と討論しているのだが、この知日家でさえ、「アメリカ文化が文明の唯一の基準」という基本態度を絶対に崩していない。

この大議論を簡単に要約すると誤解されそうだが、そこを強《し》いて簡単に言えば、日本がすべてをアメリカ式に変えるべきであって、「自分たちの文化をユニークだとか特殊だとか言うべきでない」ということである。

こういう議論の最後に、「アメリカは常に他の国よりも先にいるべき国だなんてことを、いったい誰が決めたんでしょうか。神様が決めたんですか」という曾野綾子氏の発言は興味深かった。

以上の二つ、すなわち「本間論文」と「十一時間日米討論」に出てくるアメリカ人の発言は、共通の発想から出ている異なった結論であろう。

本間教授が引用されている論文は、「日本の政治・経済体制は欧米のとは全く異なるのだから別扱いし、好きなようにやらせて、アメリカはみずからを守れ」であり、一方「十一時間日米討論」のほうは、「日本がよりいっそう国際的な経済に参入したいのなら、自分たちの文化をユニークだとか特殊だとかいうべきでない」である。

この二つを並べて二者択一を迫られたとしよう。要約すれば、それは「断絶するか、完全にアメリカ化するか、どちらかにしろ」の二者択一で、これ以外に選択の余地はないということになる。

では本当にそうなのか。二者択一のほかに第三の道がないのか。それを探るのが本稿の目的だが、その前にもう一度、アメリカの問題点を確認しておこう。

問題の背後にあるものは、「アメリカ文化が文明の唯一の基準」という、「神様が決めたんですか」と言いたくなる彼らの絶対的な信仰であろう。だが、ここで誤解されないうちにつけ加えておく。絶対的信仰とは、無意識だということである。

「すれた聴講生」が教授をしのぐとき

以上のように記すと、まったくアメリカは傲慢《ごうまん》で独善かつ理不尽《りふじん》なように見える。問題の内容は違うが、アメリカの態度に同じような感じ方をして戦前の日本人は憤慨し、同じように戦後も「反米思想」を生じたわけだが、ここでアメリカの主張を別の面から眺めてみよう。

アメリカ自身が、ある文化を「ユニークだとか特殊だとか」考えて、「あれこれ注文をつけても無駄だから、好きなようにやらせて」眺めているに等しい状態でありながら、「両国の間に問題がないとは言えないが、基本的にはないと言ってよい、そして将来もおそらくないでしょう」と言っている国、いわば一種の落ち着いた友好関係、ないしは無緊張状態を維持している国もあるのである。それがインドである。

前記の本間教授の引用した「ニュー・リパブリック」の評論の主旨がこの点にあり、日本をインドのように見なせと言っているなら、それは「悪夢」でなくて「吉夢」なのかもしれない。だが、おそらくそうではあるまい。

前記の「両国の間に問題がないとは言えないが……」は、数年前の訪米のとき、国務省のインド課で聞いた言葉である。私はほとんどの時間を日本課で費やしたので、インド課にいたのはおそらく一〇分に満たない短時間であったと思う。

問題とは、インドの親ソ政策（彼らは中立政策をそう言った）とパキスタンとの関係だが、国務省がインドに神経をとがらせている様子はまったくなかった。そしてはっきりインドを「特殊」と想定し、「アメリカ人に、アメリカと最も違う国は、と訊《き》くと、だいたいインドと答えるのが普通です」ということであった。そしておそらくインドにも「国際化」という言葉はないであろう。

彼らは決して鎖国しているわけではないが、二〇〇年にわたるイギリス植民地時代に、日本的な欧米化を行ったわけでもない。欧米のみならず世界は、その特殊性を認めて、そのうえで何か安心しているのである。

彼らはアメリカ文化を普遍的な文明と信じているとはいえ、それに限界があることも知っている。そして、その限界の外にあるものとも、ごく当然のように平和裡《り》の共存している場合もあるのである。

さて、こうなるとわれわれは、では日本のほうに何か問題点があるのであろうか、と考えざるを得ない。言うまでもないが、何か問題があるとすれば、その原因は双方にあるのであって、決して一方にだけあるわけではあるまい。

前に私は一度だけ、日本の特徴を「化外文化」と言ったことがあるが、この言葉は不正確なので以後、用いていない。ただ、このとき私が言おうとしたことは、これもやや不正確だが「化外ずれ」とでも言うべき状態である。

言うまでもないが、七世紀の日本が中国すなわち唐と比べてたいへんな後進国なら、一九世紀の日本は欧米に対して後進国であった。いわばどこから見ても、これから教化さるべき「化外の民」であり、同時に日本もこのことを自覚していたから、ひたすら教化を求めた。

この点、日本人ないし日本文化は決して独善的でなく、すぐれて内省的であり、先進国と考えた国を尺度として厳しい自己評価を下すのを当然としてきた。

そしてこの自覚に基づいて日本は熱心に学習したはずだが、どういうわけか正規のカリキュラムを嫌い、聴講生のように、聴《き》きたい講義にだけ出て、聴きたくない講義は完全に無視した。そこで卒業免状はもらえないから、やはり「化外の民」なのだが、聴講して学んだことだけは、しばしば本家を凌駕《りょうが》した。そして中国だけでなく、キリシタンからもまたオランダからも聴講している。

さらにその中国でも、決して一人の教授に就《つ》いているわけではない。あちこちを平気で聴講して自分なりの評価は下しているが、聴きたくない点は聴こうとしない。簡単に言えばまことにすれい、これた聴講生、これが「化外ずれ」である。

正規のカリキュラム一本の韓国

この点、お隣の韓国はまったく違う。文字通り正規のカリキュラムを優秀な成績で学び、教授は朱子《しゅし》先生だけで、王陽明《おうようめい》先生の講義さえ耳に入れない。もちろんオランダから聴講しようなどという浮気はまったくしない。

彼らから見れば、キリシタン文化に関心を持ち、後には「蘭学《らんがく》」「漢学」などと、平気で並べるような聴講生、「冊封」という〝学生証〟も持っていない日本人は「化外の民」で、秀吉は韓国の文書では「平酋《ピョンチュ》」（注：獣の長）である。

一方、彼らは、明《みん》から冊封を受け、朝鮮という国号をいただき、科挙を実施し、中国以上に中国化し、「小中華」といわれる優等生になる。もちろん中国に対して「自分たちの文化をユニークだとか特殊だとか」言わない。

現代ではアメリカ化が国際化なら、当時の東アジアでは中国化が国際化であろう。この韓国から、もし日本に忠告する点があったら、ハルバースタム氏の「日本がよりいっそう国際的な経済に参入したいのなら、自分たちの文化をユニークだとか特殊だとか言うべきでない」の「経済」を「中国化」となおせば、そのまま流用できる。中心文化と自ら信じ、かつ信じられている民族が、このような態度をとることは決して珍しい現象ではない。

戦争はしばしば相互の誤解を明白にする。秀吉の朝鮮征伐の少し前に、韓国の領議政（総理大臣）柳成竜《リュソンヨン》は情勢の報告に北京に行った。明はさまざまの方面から情報を集め、秀吉の侵攻が近いのを察知していた。

柳成竜の報告もその一つだが、その中で彼は興味深いことを言っている。明は嘉靖《かせい》年間（一五二二―一五六六年）に日本の朝貢《ちょうこう》を拒否した。日本は代々これを怨《うら》みに思って侵攻しようとしているのだから、明が使者を出して慰撫《いぶ》すれば侵攻をやめるであろう、と。

だが日本側の記録を調べても、朝貢を申し出て拒否されたという事件はない。足利義政《あしかがよしまさ》が明使を兵庫から放逐《ほうちく》したことはあるが、これは冊封の代償に明銭十万貫を求めたが拒否されたからで、嘉靖以前である。

明使放逐はこのときだけではないが、いずれにせよ中国を絶対化している朝鮮では、こういったエコノミック・アニマル的態度は空想もできない。そこから生じた何かの誤解であろう。柳成竜の言っているのは、このことなのであろうか。嘉靖年間には日本は勘合《かんごう》貿易（注：日明貿易）を求めているが、別に拒否されていない。日本側はそれで満足である。

さらに、何事においても忘れっぽい日本人が、嘉靖年間の朝貢拒否を延々と怨みつづけるなどということは、今度は、日本人に空想もできない。第一、足利幕府などはすでに消えてしまっている。

だが、この柳成竜の言葉を読むと、文禄《ぶんろく》の役《えき》（注：一五九二年の豊臣秀吉の朝鮮出兵）後の明国の講和使節沈惟敬《しんいけい》が、なぜ「特ニ爾《ナンジ》ヲ封ジテ日本国王ト為ス」という講和文書を持ってきたかが理解できる。始末の悪い聴講生に、中国化のために特別の正規の入学許可書を持ってきたのである。

「化外の民」は欣喜雀躍《きんきじゃくやく》するはずであった。彼は秀吉を喜ばそうとして持ってきたのであり、もちろん怒らそうとしたわけではない。だが秀吉は激怒してそれを投げ捨て、朝鮮への再出兵を命じた。

彼らから見れば狂気の沙汰である。おそらく沈惟敬には、秀吉がなぜ怒ったかまったく理解できなかったであろうが、一方、日本人には、秀吉を怒らすにきまっているこんな国書を、なぜ沈惟敬が持ってきたのか理解できなかったであろう。

「聴講生国家日本」の問題点

「化外文化」――この言葉は誤解を生ずるであろう。本当に「化外」なら問題はない。問題は「教化内」なのか「教化外」なのかわからぬ「聴講生文化」にある。

インド文化は、欧米にとっても中国にとっても「化外文化」であろう。それはそれで共存できる。この点、アメリカは別に「傲慢で独善で理不尽」なわけではない。

カースト制は制度としては廃止されたが、今も残っていることは多くの人が指摘している。しかし、それはアメリカン・デモクラシーの原則に反するから完全に一掃せよ、などという「お節介」な要求をアメリカ政府はしないし、するはずもない。「インドはインドである」と涼しい顔をしている。

それなら「日本は日本である」と涼しい顔をしてくれてよいはずではないか、と言えば、そうはいかない。なぜそうはいかないのか。簡単に言えば、日本は「ドル経済圏」の一員で、たいへんな「ドル持ち」である。「ドル持ちならドル圏のルールに従え」であり、ハルバースタム氏の言葉には「日本がよりいっそう国際的な経済に参入したいのなら……」という前提がついている。

彼の言う「国際的な経済」とは、「ドル圏経済」ないしは「欧米経済」と言いかえてよいであろう。彼らにとって「国際化」が経済的な面では「ドル化＝アメリカ化」の意味なら、そう受け取るのが当然であろう。実はここに「化外ずれ」、言葉をかえれば「聴講生国家日本」の問題点があるといってよい。

簡単に言えば日本は、自分が学びたいことだけを学び、摂取したいことだけを摂取しても、正規のカリキュラムを受けつけようとしない。昔と同じような、冊封を叩きつける自称儒教文化圏の一員のようなものである。

まことにおもしろいと言えばおもしろい現象だが、秀吉の時代であれ昭和であれ、これがおもしろいではすまない、戦争という状態も現出し得るのである。

伝統とは不思議なものだと思う。日本も韓国も、中国文化が東アジアの普遍的な文明であることは認めていた。日本も一応、律令制を導入したが科挙抜きであり、それはすぐに棚上げされる。

一方、韓国はまことにまじめに二〇世紀まで律令制であり、朱子学は絶対である。日本は、朱子学が権威を持っていたかに見える徳川時代でさえ、科挙は実施していない。

さらに「四書五経《ししょごきょう》」（注：四書とは『論語』など四つの書物、五経とは『礼記《らいき》』など五つの経典）を尊んだとはいえ、富永仲基《とみながなかもと》（注：江戸時代中期の大坂の町人学者）が指摘しているように、儒者といえども『礼記』の内則通りにはしていない。もしそれを行おうとするなら、彼の指摘するとおり、祭祀《さいし》のために羊と豚を飼わねばならず、葬式には泣き女を雇い、三年の喪《も》に服し、そのうち二年は墓の傍《かたわ》らに住んで、二年間は髪も爪も切ってはならないはずである。

だが、こんなことをまじめに実施した儒者は一人もいない。その一方で、当時の東アジアの「国際通貨」宋銭・明銭を輸入して貨幣経済を発展させ、さらに養蚕、綿紡技術、灰吹法《はいふきほう》（注：金・銀を含む鉛から金・銀を抽出する方法）から水銀流しに至る精錬技術、さらに活字技術の導入まで、実に積極的に行っている。そして「四書五経」は、たとえ『礼記』の通りに実行しなくとも、一応これを権威として、自己流に役立てている。

ところが韓国はそうではない。貨幣の導入その他でははるかに日本に後《おく》れるが、実にまじめに、すべて儒教の原則通りに中国以上に徹底して行っている。

外れた「教化投資」

同じことが、「国際化＝アメリカ化」でも言えるようになるかもしれない。現在、すでに韓国最大の宗教人口はキリスト教徒である。

この現象はますます進行すると思われるが、現時点ですでに「キリスト教国」と定義してよいかもしれない。そのうえ、さらに「大統領直接選挙制」が定着すれば――「小中華」ならぬアメリカ以上の「小アメリカ」をめざせば当然に定着すると思われるが——韓国は小中華に似て小アメリカになるかもしれない。

一方、日本がそうなる可能性は、伝統を振り返れば、まず絶対にないと断言してよい。ここで、日本に対して「宗主権」とは言えないまでも、少なくとも「教化権」は持っていると考えた、もしくは誤認した欧米が、日本に対してどれだけ「教化投資」をしたかを振り返ってみよう。

明治以来、彼らが日本に投じた「教化費」を総計して現在のドルに換算すれば、おそらく天文学的数字になるであろう。彼らの「教化努力」を日本側も認め、かつ評価した。ライシャワー教授（注：駐日アメリカ大使を務めた東洋史研究者）の父君は、たしか勲三等を授与されたが、これは日本にはじめて聾啞《ろうあ》学校を建てた功績によると聞く。もっともこの点は確認したわけではないが、同じような例は決して少なくない。

そして、これに対応して日本人はよく学んだのだが、その学び方はまことに自らの伝統に従った「聴講生的学び方」であった。だが、日本人はそれを自覚して行ったわけではない。日本人にとってそれがあたりまえであったということは、これまた無自覚だということである。

当時のアメリカは南北戦争後の興隆期、「プロテスタントのアメリカ」が人類普遍の文明であることを信じたがっていた時代である。といっても彼らはそれを本家のヨーロッパに向かって宣言し、かつ伝道するわけにはいかない。

当時のアメリカはヨーロッパに対しては後進国意識を持っていたが、その劣等感を補償するかのように、アジアに対してはまことに献身的に教化権を行使した。そして、その中で彼らが最も期待した生徒は、少々皮肉なことだが日本であった。

確かにそう見えて不思議でないが、彼らは日本人の伝統的な「聴講生的したたかさ」、ひとことで言えば「化外ずれ」を知らなかった。

彼らが膨大な「教化費」を日本に投じたのは、日本を「プロテスタントのアメリカ」へと教化するためであっても、重工業国・精密工業国の日本を育成するためではなかった。だがこの聴講生は、自らが聴きたい講義だけを聴き、摂取したいものだけを摂取して、ぐんぐん力をつけていく。

このことがとくに明確に出てくるのは戦後であろう。アメリカは、戦前の自らの「教化」は日本の悪しき封建性によって阻害されたから、敗戦で日本が打ちひしがれているときにこれを一掃し、アメリカ主導の下に教化権を行使すれば、その目的は達成できると誤解した。

そして、この誤解に基づく彼らの施策を、日本はまことに従順に受け入れたように見えるが、実は昔通りの「聴講生」であった。

日本人の頑とした「宗教的信念」

このアメリカの教化権の行使に対して、前記のように強い感情的反発があったことは否定できない。明治以来の「反米思想」は、その担い手を「右」「左」にかえつつ実に根づよく継続してきたが、そろそろ「歴史的まとめ」に入ってよい時期ではないかと思う。

というのは、アメリカで日本叩き《ジャパン・バッシング》が起こっても、日本側は不思議なほど冷静で、それに対抗した反米運動などはまったく起こらないからである。この点では変化は日本側にも起こっており、これは戦前はもちろん、戦後もある時期までは考えられないことである。

明治以来、アメリカは一面では洋夷《ようい》でありコ鬼畜であって、戦後にさえ「アメリカ人残虐民族説」は堂々とマスコミに登場した。

これは「鬼畜」の戦後的表現であろうが、こういう「反米思想」というより「反米感情」も、またそれなりの存在理由を持っていた。とはいえ、ベ平連（注：ベトナム戦争に対する、反戦平和の市民運動組織）はなやかなりしころの、日本の対米論調や記事を読んで、もしこれがそのまま英訳されれば、アメリカで対日暴動が起こるのではないか、と言った人があるが、それが起こらなかったのは、皮肉なことに日本が国際化していなかったからにほかならない。簡単に言えば、相手に聞こえない大声をあげていた。

こういった閉鎖的「反米思想」ないしは「反米運動」が、まるで嘘《うそ》のように消えてしまった背後には、アメリカによる「教化権」の実質的放棄があるであろう。そして「本間論文」に示されている論調は、この放棄を自ら確認している、ないしは確認しようとしているようにも見える。

先方は教化権を放棄し、日本では反米感情が消える、「悪夢」どころか結構なことではないか。そう言えれば問題あるまい。だが幸か不幸か、日本はインドではない。「国際化」は相当に複雑な言葉だが、「ドル圏化」と言うと、問題が単純化する。

ドルはアメリカの通貨であり、同時に国際通貨である。それがすなわちアメリカの国際性だが、日本は「ドル圏」の最有力メンバーであり、「大ドル持ち」であることは否定できない。それなら「ドル圏アメリカ」のルール通りにしろ、それを拒否して自己の経済文化をユニークだとか特殊だとか「日本人がそういうことを言い出すと、米国の保護主義のいっそうの台頭を招く」とハルバースタム氏は言う。

なるほど一理ある言葉かもしれぬ。と同時に「日本にあれこれ注文つけても無駄だから、好きなようにやらせて、アメリカはみずからを守るようにせよ」という「ニュー・リパブリック」の主張も出てくる。どちらの主張も、少々日本は困る。日本の文化を変えよと言われても、それはできないし、では勝手にしろ、そのかわりアメリカも勝手にやる、保護関税を設けて日本をシャットアウトする、と言われても困る。

いったい、こういう問題に対して、日本は今までどのように対応してきたのであろう。ひとことで言えば、「成り行きまかせ」で、「水の低きに流るるがごとく」、「落ち着くところに落ち着くさ」である。

これは一種の「自然的予定調和説」のようなもので、これまた日本人の頑《がん》とした「宗教的信念」であると言ってよい。その際、小ざかしい小手先の人為など加えれば、かえって問題が紛糾《ふんきゅう》するだけであり、何もしないで静かに待っていればよいとする。

もちろん先方がうるさく言えば、最小限の対応はするが、それもなるべくせず、できるかぎり先に延ばしておけば「落ち着くところに落ち着く」と信じて疑わない。もしアメリカがじれて、じりじりすれば、「マア、マア」と何かを小出しにしつつ、ひたすらこれをなだめて時を待つ。

良いか悪いかは別として、これも一つの哲学であろうが、こういう哲学を持っていることは、やはり「特殊でユニーク」で、「ドル圏」のルールではあるまい。

財界人も、といってもすべての人の意見を聞いたわけではないが、だいたい「自然的予定調和説」であると言ってよい。

「ま、いろいろ言われているけれど、ドル安円高の効果はやがて出てくるし、日本の対米投資も軌道に乗ってくる。そこでアメリカが双子の赤字を解消すれば、落ち着くところに落ち着くでしょうな」が、ほぼ共通した意見であると言ってよい。

いわば日本は何もせず、アメリカが何をするかを見ていて、それに対応していけばよい、という発想である。

これは一種の「見えざる手」への信頼と言ってよく、問題を経済に限れば、案外にこれが正解なのかもしれないという気がしてくるから、われながら不思議である。

これは、日本人である私が、当然のことだが、同じように「自然的予定調和説」を信奉しているためかもしれない。そしてアメリカがいらつくのは、日本のこの「自然的予定調和説」信仰に対してであろう。

それは彼らが考えるような「信義なき態度」でもなければ「問題の糊塗《こと》」でも「ずるい遷《せん》延《えん》」でもないが、この思想の内容を日本は正確に説明したことがない。

そして、これによって当面の問題が片づいたなら、さまざまに論じられた諸問題をケロリと忘れて、また同じことを日本は続けるのであろうか。そうなるのかもしれないが、はたしてそれでよいのか。自ら検討する必要があるであろう。

というのは、前述のアメリカが提示している二者択一の問題は、当面の経済的諸問題が一応の沈静化を見せても、決して片づいているわけではないからである。

アメリカの「教化権」の放棄と日本の反米感情の消滅という新しい段階において、われわれは何をすべきか、何を積極的に主張すべきかが、今後に残された問題であろう。それに対処することが、二者択一以外の第三の道であると思う。

アメリカに「エキュメニズム」を要求せよ

われわれは、日本が「ドル・アメリカ圏」のメンバーの「大ドル持ち」であるという状態を認め、同時にその成果を享受《きょうじゅ》するなら、「ドル・アメリカ圏」のルールの普遍性は認めねばなるまい。ただその「普遍主義《カトリシズム》」に対して、われわれは一種のエキュメニズムを要求してよいはずである。

もっとも、いきなりここでカトリシズムとかエキュメニズムとか言っても、読者は混乱するだけであろうから、少し説明しよう。

カトリシズムは文字通りに普遍主義《カトリシズム》で、その教義が人類普遍の原理であるという原則に立っている。中心文化が常にそのような原則を持つことは、すでに述べたように別に不思議ではない。そしてかつては一切の宗教用語はラテン語であり、それ以外の言語は認めなかった。いわば、日本人は特殊だから日本語を使いますということは許されない。

そして世界は教化された地と未教化の地に分けられ、未教化の地はいずれは教化さるべき地であり、そこに存在する宗教の価値は認めなかった。認めれば伝道ということはあり得ない。同時にプロテスタントは異端であり、異端の罪は異教の罪よりも重いとされ、これもまた認められなかった。

この原則は、実は、「アメリカン・デモクラシー」の原則と少しも変わらないし、変わらなくて不思議ではない。

だが、第二ヴァチカン公会議でカトリックは大きく変わった。まず異教の存在を認めてこれと対話し、同時にカトリック内の諸民族の特殊性を認め、宗教用語にそれぞれの国語が用いられるようになった。

同時に、プロテスタントとの間の対話も行われ、それぞれの特殊性をも認めあうようになった。といって普遍主義を棄《す》てたわけでなく、それぞれの特性を認めつつ、大きな枠内で統一を保つ、という行き方である。これが、いわばエキュメニズムである。

このエキュメニズムはギリシャ語のオイクメネーから出た言葉だが、おもしろいことにこの言葉はエコノミーの原語である。もっとも原意はむしろ「家政」であろうが、エキュメニズムの適当な訳語はない（注：「教会合同」志向とか、世界教会運動と訳す者はいる）。強《し》いていえば、普遍的原理を保持しつつ、それぞれの特殊性を、原理の許す範囲内で最大限に認める主義とでも言えよう。それはオイクメネー、すなわちエコノミーにも、あてはめ得るはずである。

「ドル・アメリカ圏」は、すでにアメリカに限定されていない。相手が日本だけなら、「ユニークだとか特殊だとか言うべきでない」とか、日本には「好きなようにやらせてアメリカはアメリカで自らを守るようにせよ」と言えるであろう。だがＮＩＣｓ（注：ＮＩＥｓ——新興工業経済地域の旧称）の「四つの竜」、すなわち韓国、台湾、香港、シンガポールにもまとめて同じ要求ができるであろうか。

韓国の社会は、ある面では、アメリカとの対比において日本より特殊である。この特殊性が経済にプラスに作用したとき、社会のあらゆるルールをアメリカと同じにせよと言えるであろうか。同じことは台湾にも言える。台湾のドル保有高は日本を凌駕《りょうが》しようとしている。台湾から帰った友人が、「まったく、おかしいですなあ、日本と同じことを台湾に要求しているんですわ。やれ、米だ、牛肉だ、オレンジだと。一年に三回米がとれる国に、米を押しつけてどうする気なんですかね」と笑っていたが、同じことがＮＩＣｓのすべての国々に起こるであろう。というのは、その対米貿易黒字の合計は着実に日本に迫りつつあるからである。

簡単に言えば、普遍主義のアメリカは、日本文化だけでなく、韓国文化・華僑文化にもどう対応してよいのかまだわからないわけである。否、普遍主義はわかろうとしないのだと言ってもよい。なぜわかろうとしないのか。彼らにとって、アメリカ化していない国が、アメリカのように、あるいはそれ以上に富むことはあり得なかったからである。

あり得ないことが起こる。そうなると「日本の成功は巧みにまねしたからだ」としか思えない。否、少なくとも思えなかった。だが、「日本はものまね民族」と彼らが信じているほうが、問題は少なかったと言える。

日本を理解させようと思うなら

たしかに日本は一心にアメリカから学んだ。それは否定できない。「学ぶ」は「まねぶ」であるなら、「まね」でもよい。ただし、すでに述べたように、日本の伝統に基づいて、自由な聴講生として、学びたい点だけを学んだ。これは韓国でも、同じであろう。

たとえ小アメリカになっても、社会の内実はアメリカと同じルールではない。そして、西欧文化は元来、中国文化ほど相手を呑みこまないのである。これに対してアメリカは、結局「ドル・アメリカ圏」のエキュメニズムへと向かわざるを得なくなるであろう。そして日本は、そのほうへアメリカが向かうよう、何らかの役割を演ずべきであろう。

これは単に日本の国益のためではない。では、どうすべきなのか。いや、その前に問題はどこにあるのか。

矢野暢《やのとおる》教授（注：東南アジア研究の政治学者）は、日本には開国と鎖国としかないが、開国にも鎖国にも、国際という概念はないと言われる。簡単に言えばこれは、聴講するかしないかであって、自らを相手に表現する必要はなく、相手との相互理解も必要はないということである。

たとえ日本の文化はユニークだとか特殊だとか言っても、どのような特性を持っているかの的確な説明がなければその言葉は意味を持たない。と同時に、ハルバースタム氏のように、それは普遍性への挑戦になるから、その言葉を口にしてはいけないというなら、これはもはや方法がなくなる。

またこれと逆に、特殊でユニークだから勝手にさせとけと横を向かれても方法がない。これはたしかに本間教授の言われるように「悪夢」であろう。

では、どうすればよいのか。方法は常に正攻法しかないと考えてよい。

われわれは明治以降、アメリカが「プロテスタント・アメリカ」へと日本を教化するため、どれだけの人材と資金を投じつづけてきたかを考えるべきであろう。それでいて、彼らは自らの望む通りの成功を克《か》ち得なかったし、彼らから見れば、大きな破綻《はたん》があった。だがそれでもそれは決して無駄ではなく、現代の日本人はアメリカに対して相当に正確な基礎知識を持っていることは否定できない。

もちろん、われわれは普遍主義者ではないから、日本がアメリカを教化しようなどという野望を抱く者はいないであろうし、その必要もない。しかし、日本を理解させようと思うなら、過去にアメリカが行ったことの、一〇分の一ぐらいの努力はしてよいであろう。人材・資金等のあらゆる面において。

たとえその成果が出てくるのが、次の世代であっても、また思わざる破綻があっても、それ以外に効果のある方法はないであろう。というのは、それがエキュメニズムへの道だからである。

普遍的原理の押しつけは迷惑

アメリカ人は普遍主義的自由主義者

小田実《おだまこと》氏（注：作家。べ平連を結成した市民運動家）が「普遍主義的自由主義」というたいへんにおもしろい言葉を使ったので、この言葉について少々考えてみたい。

「普遍主義」という言葉は、それ自体としては内容が明らかではなく、いわば人類全体を律し得る普遍性を持つと信じられている主義のことだから、カトリシズムは文字通り普遍主義である。

言うまでもないが少々古い英語では小文字でcatholicと書けば普遍的一般的の意味である。同様にマルキシズムも、それが人類に共通する普遍性を持つ原理と主張されている点では普遍主義であろう。

同時に自由主義も、それ自体は内容が明らかでなく、「何々からの自由もしくは解放」を意味する主義の総称のはずである。

ただ近世においてはだいたいこれは、教会法もしくは宗教法からの自由、封建的体制からの解放を意味する言葉とされている。そしてこの意味の自由主義ならそれを最も端的に表しているのはおそらくアメリカの憲法であり、それは宗教法的体制と封建的身分制を絶対に採《と》らないことを宣言している。

人は宗教宗派に関係なく国家の定めた法の前に平等で、同時に身分上の法的差別は否定され、この点でも平等とされている。そしてアメリカ人は、この自由主義を人類普遍の原理だと信じている点ではまさに普遍主義的自由主義者である。

だがアメリカ的自由は、はたして人類普遍の原理であろうか。おそらくそうではあるまい。そう信じて、この主義を世界中に輸出しようとしたことが、アメリカの大きな誤りではなかったのか。

さらにこの自由の内容が、搾取《さくしゅ》からの自由、働く者の解放となり、それをめざすことが人類普遍の原理であるとなれば、これはソビエト的普遍主義的自由主義ということになる。したがって共産化されることを解放と規定している普遍主義的自由主義とは、つまり共産主義者のことであり、それ以外に定義の方法がない。

ソビエトがこの自由、すなわち「解放」を世界中に輸出しているという点では、アメリカと変わりはない。確かにそれが人類普遍の原理なら、世界中に輸出されて当然であろうが、これがはたして普遍性を持って、人類を解放してくれるのであろうか。

おそらく多くの人はその自由すなわち解放なるものに疑いを持っているであろう。というのは「その解放から解放されよう」と命がけで脱出するボート・ピープルが現にいるからである。

日本の相対的自由主義

言うまでもないが、アメリカやソビエトのような国は、その統治の原理が人類普遍の原理であると主張することによって、国内における統治の正当性を主張できるわけであって、もしそれが人類普遍の原理でないならば、それによる統治は何ら正当性を持ち得ないはずである。したがって外への普遍性の主張は、つまり内への統治の正当性の主張なのである。

アメリカの原理が世界の普遍的原理であり、あるいはソビエトの原理は世界の普遍的な原理であるがゆえに、正当性があるとされるにすぎない。これが常に何らかの形で、その正当性の外への主張とならざるを得ないわけである。

これはたとえば日本やイギリスのような伝統主義的な国家となれば、その必要はない。日本国内の伝統的原理は日本にだけ通用すればいいのだし、日本人がその伝統的価値観において自由だと感じていることは、日本人だけがそう感じていれば十分なのであって、何もそれが人類普遍の原理である必要はなく、そう主張しない限り自らの原理や自由が自己の内で維持できなくなるわけではない。

われわれは相対的自由主義で少しもかまわないのである。いわば、アメリカがアメリカの自由で満足ならそれでよいはずで、ソビエト人がソビエト的解放に基づく自由に満足している るなら、それはそれで結構なことで、何も日本的自由を相手に押しつける気はないから、同様に他の国も他国にまで出かけて行って解放してやろうなど考えなくてよいはず、とするのが相対的自由主義であろう。

普遍主義はしばしばその普遍的と称する原理原則で他国・他人に干渉する権利を主張する。小田氏が頭の中で描く普遍主義的自由主義が、いかなる内容を人類普遍の原理とし、いかなる状態からの解放を自由と規定しているのかは明らかでない。

もちろんそれは小田氏にとっては自由と感じられる何かなのだろう。だがそれを普遍の原理だと言って他国・他人に押しつけるならば、それは押しつけられる者にとっては自由でもなければ解放でもなく、それから逃げ出したい迷惑にすぎないかもしれないのである。

そしてその迷惑は世界はもう十分に経験している。われわれがその経験に立って考うべきことがあるとすれば、過去における西欧的な普遍主義なるものへの再検討であっても、その模倣ではあるまい。

第四章　戦争と外交と排外主義

国家間の基本的な関係に大きな変化が起こっている。今こそ「現在および将来における戦争の原因は何なのか」を探究することが不可欠ではないだろうか。排他的と世界から思われている日本人が生き残る道を探る。

戦争の原因は何か

世界中が傍観

国際問題の専門家でなくても、国際情勢の基本に、というよりむしろ国家間の基本的な関係に、何か大きな変化が起こっていると感じざるを得ないであろう。これが端的に表れているのが、局地的紛争というより戦争に対する各国の態度である。

去年（一九八一年）から今年にかけて、アフガン戦争、イラン・イラク戦争、フォークランド戦争、イスラエルのレバノン侵攻という四つの戦争があり、その一部は現在まだ継続中だが、極端な言い方をすると世界中がこれを傍観しているに等しいのが実情である。

少し前まで「第五次中東戦争必至」を盛んに口にしていた人も現在は沈黙している。また、フォークランド戦争に対して、アルゼンチンに勢力を扶植《ふしょく》して「ナセル化」したいはずのソ連も、スエズ戦争のときのような恫喝《どうかつ》をイギリスに対して行ったわけではない。

さらにイラン・イラク戦争に対しては、イスラム諸国をはじめ世界中がこれを傍観しているに等しく、このことはアフガン戦争に対しても言える。

さらに興味深いことは、これらの戦争が、その発端においてはいずれも戦争を予期していなかったらしい点である。

アフガンに入ったソビエト軍はカルマル政権樹立を援助して二週間ぐらいで撤退する予定であったと言われるし、アルゼンチンはイギリスがその全艦隊をこの島の奪回に投入しようなどとは夢想だにしていなかったらしい。さらにイラン・イラク戦争も、フセイン大統領（注：当時のイラクの大統領）は、パーレビ時代の軍への粛清《しゅくせい》と、ホメイニとモジャヘディン・ハルク（注：イスラム社会主義派の政治集団）の流血闘争からこれを末期症状と見て、侵攻すれば相手は戦わずして崩壊すると見ていたらしい。

またＰＬＯ（注：パレスチナ解放機構）も、イスラエル北端の町々へときどきロケット砲を撃ちこんでも、相手のいう「ガリラヤ平和作戦」なるものがこれほど大がかりなものとは予期せず、せいぜい報復爆撃ぐらいのことと予想していたらしい。したがっていずれも、「戦争を決意して」の行為でなく、当事者にとってはすべて、「意外な結果を招いた」ということであろう。

平和でなくなれば日本は破滅するかもしれない

過去において戦争の原因は、言いかえれば「支配者が戦争を決意する原因」は、次のような場合だとしばしば言われてきた。

①国民の不満を外にそらす、②その不満は不況より生じ、不況は生産過剰から生ずるから、戦争でこれを解消する、③したがって資本主義の存在する限り戦争はなくならない、と。

これらは左翼の人が口にしただけでなく、私自身、少年時代にごく普通の商人から次のような言葉を聞いたことがある。

「こう不景気じゃたまりまへんな、どっかでバンバンやってくれんことにゃ、どうもなりませんがな」

戦争は好景気を生む、これは私の少年時代には、いわば常識であり、実感であった。

今は世界中が不況である。しかし、そのような言葉は日本ではもちろん、世界のいずれの国でも聞かれなくなった。これは「戦争は悪であるがゆえに……」という倫理的判断よりも、戦争は決して不況の克服にはならないという現実感のほうが強く出ている現象で、逆に「とんでもない、それはインフレになってますます苦しむだけだ」がむしろ実感であろう。

アルゼンチンの場合は、「国民の不満を外にそらす」という現象はあったであろうが、それでも戦争を決意したというわけではあるまい。そしてこれこそ「インフレがますますひどくなる……」を実証するケースになることは、誰の目にも明らかである。

さてこうなると、「何ゆえに戦争が起こるのか」「戦争の原因は何か」は、少々わからなくなる。

そこで、以上のほかに過去において戦争の原因と言われたこと、また現実に起こった戦争の原因を探究したもの等を、私の知っている範囲内で思い出し、同時に資料にあたり直し、学説、通説、俗説等々を調べてみたのだが、それらはすべて、たとえ過去においては正しくとも——もちろん過去においてさえ正しいとは思われないものもあるが——、少なくとも現在の世界の情況をそれで判断することはできない、と思われるものばかりなのである。

日本は平和を欲する。否、平和でなくなれば食料・資源問題だけから見ても、日本は破滅するかもしれない。では一体、「現在および将来における戦争の原因は何なのか」と問われればこれに明確に答えられず、したがって「その原因をどうやって取り除くか」の方法もわかっていない。

それならば、今われわれがなすべきことは「現在および将来における戦争の原因」を、あらゆる面から冷静にまた客観的に探究することであろう。

これは根気のいる地味な作業かもしれぬが、何千万人の署名を集めたなどということより、平和にとって、はるかに有意義な作業であると私は思う。

「欧米と同じ」論を戒める

換する。

ユダヤ人が払った多額の代償

日本における「世論」、というよりむしろ論壇とマスコミの〝空気〟は驚くべき早さで転換する。

最近まで議論の中心の感があった日本特殊論が一転して、日本普遍論とも言うべきものが出てきた。いわば日本と欧米とは普遍的共通性を持ち、ともに近代国家・近代社会であって、その中で「日本特殊論」を展開するのは百害あって一利ない、という主張である。

これは日本特殊論にブレーキをかけるという点では意味があるかもしれないが、現代の「近代化日本」の文化が他の先進国文化と完全に同じであるという考え方も、主張も、また問題であろう。これには参考にすべき先例がある。

というのは、自らの文化が西欧先進国と同じか否《いな》かは、実は、一九世紀以来ユダヤ人の間で延々と論じつづけられてきた問題なのである。

一九世紀の終わり、テォドール・ヘルツェル（注：ハンガリー生まれのユダヤ人作家）が有名な『ユダヤ人国家』を発表したとき、これへの強い反対がユダヤ人の中で、とくに西欧のユダヤ人の中で起こった。

その論旨は簡単に言えば「われわれはユダヤ教徒であるが、二〇〇〇年にわたって西欧文化の中に生き、その形成に参画し、それぞれの国の国民であり、その点ではヨーロッパ人と同じである。したがって『ユダヤ人特殊論↓ユダヤ人国家の創設』といった考え方は有害であり、それは差別を生むだけである」といった議論である。

事実、彼らはまじめな国民として義務をつくし、第一次大戦におけるドイツ系ユダヤ人の戦死率は、一般ドイツ人の戦死率よりはるかに高かった。いわば「同じヨーロッパ人」と認められようと多額の代償を払ったのである。だがその結果、彼らが何を得たかは、今では明らかである。

「同じでない」日本人の自覚

「西欧と同じです、別に変わりはありません」とこちらが一方的に主張しても、彼らがそれを認めるとは限らない。

ユダヤ人の場合は、それぞれ属する国の言葉を話し、外見的にはその国の人と区別がつかない人がほとんどで、しかも旧約聖書という基本的な正典に戻ればこれは同じである。そして彼らの多くはキリスト教が支配勢力になる以前からヨーロッパに住んでいた。

さらに啓蒙《けいもう》主義的普遍主義が出てくると、「キリスト教徒はキリスト教徒である前にまず人間であり、ユダヤ教徒はユダヤ教徒である前にまず人間である」という考え方がキリスト教徒の側にも出てきたので、「人間として同じ」――といってもこの場合は「西欧文化的人間として……」だが――という面を極力強調すべきだという普遍主義的発想がユダヤ人の側からも強く出てきて当然である。

これは一見まことに合理的で、この合理的主張は反論の余地がない。しかし現実の歴史はその発想が当然に招来する方向には進まなかった。なぜか。

これはその後もしばしば論じられた問題で、別の機会に論じたいと思うが、いずれにせよ、日本と違ってさらに親密で、類縁関係にある彼らですら「欧米と同じ」論を欧米に了解させることはできなかった。

われわれと欧米との違いは、ユダヤと欧米との違いの比ではない。彼らはこの「同じでない」日本人の近代化を問題にしているのであり、それに対して「同じです」などという返答は、実は何の意味も持ち得ない。

こういう主張の日本国内だけへの主張は、戒《いまし》むべきであろう。

「エンニウスの道」を歩け

国際語は見果てぬ夢⁉

パウロ＝ロナイ著『バベルへの挑戦』（注：佐藤牧夫訳・山本書店刊）によると、人類共通の理想的人工語をつくろうとした歴史は実に古く、現在まで約六〇〇語がつくられ、今もなお無数の試みがなされているという。

だがエスペラントという例外を除けば、それらの国際語はすべて霞《かすみ》の如くに消えた。エスペラントは確かに奇蹟的に残った。しかし残念ながらエスペラント語族は全世界で二〇万から五〇万だそうで、全人類の共通語からはほど遠い。

六〇〇語といわれる人工国際語の創案者は、ほとんど、「欠点は多いが伝統的な自国語」による独自の文化の発展と「完成された無欠点の国際共通語」による自由な意思疎通の世界、そして両者の併用による一つの地球、一つの人類、民族文化の発展と共通語による相互理解、そしてそれに基づく人類の永久平和、人間みな兄弟の世界を夢見ていた。

しかしそれは、少なくとも現時点までは「見果てぬ夢」であり、この人たちの考えた意味における「一つの国際語族＝国際人」は出現しなかった。そしておそらく、将来も出現しないであろう。

一方、これとは別の自然発生的「混合語」がある。バブー、ピジン、ファナガロ等がそれ。私も北部ルソンで英・西（注：スペイン語）・イロカノ・タガログ混合語に接したが、これは非常におもしろい言葉で、この四語の混合比率を自分で調節することによって、この四語族のそれぞれと、基本的な意思疎通ができるのである。

しかしこの人たちを国際人と言うわけにはいくまい。同様に日本語にどれだけ外国語を混合させても、その人を「国際人としての日本人」と呼ぶわけにはいくまい。

「三ヵ国語を知るとは三つの魂を持つこと」

なぜ人類共通理想的人工語は消えてしまうのか。ロナイ教授はいろいろな理由を挙げているが、その中で興味深いのは、言葉には閉鎖的隠蔽的《いんぺいてき》な機能があり、これが必要不可欠な機能だからだという指摘である。したがってもし世界政府ができて、世界語を強制したら、それはたちまちに「方言」に分化し、日本人は「世界語日本方言」を使うことになってしまうであろう。

しかしその人をも「国際人としての日本人」と呼ぶわけにはいくまい。と同時にロナイ教授は、人類共通語ができれば、理想とは逆に、人類の進歩はとまり、争いはますます陰惨になるのではないかと述べ、一例として内乱をあげている。

こういう見方には異論も多いと思うが、ロナイ教授は最後にローマの詩人エンニウスの言葉を引いて、三ヵ国語を知るとは三つの魂を持つこと――たとえばある対象を「日本語で見る」ついでそれをまた「英語で見る」さらにそれをもう一ヵ国語たとえば「ギリシャ語で見る」――ことだと言い、相互理解とは互いにそれができることだと言っている。

日本を「英語で見れば」確かに別の姿に見えるし、「フランス語で見れば」また別の姿に見えよう。そして、それができる人は確かに「国際人としての日本人」と言えるであろう。

一つの人類・一つの言語・相互理解・永久平和とただ大声で叫び、その言葉を盾《たて》に他を批判したところで、それは独善にすぎず、「創案者がその生涯を費やした六〇〇の世界語」よりも簡単に消え、ただ誤解と悪感情しか残すまい。といって「混合語」は何も生み出さない。

そこで「国際人としての日本人」への道はエンニウスの道しかないと思うが、――結局それは、それに到達するには意志と努力しかないということだろう。

対外折衝と勧進帳方式

アメリカの国益から見た「非核三原則」

まず「非核三原則」（注：沖縄返還時の一九七一年に衆議院で決議された原則）をアメリカは大歓迎なのだ、という現実を最初に確認しておかないと、「同盟騒ぎ」（注：一九八一年五月に、訪米中の鈴木《すずき》善行《ぜんこう》首相とレーガン大統領が発表した共同声明に「同盟」の語が使われていたため、軍事同盟の肯定だと、日本国内で大騒ぎになった）から「ライシャワー発言」（注：元駐日大使エドウィン・ライシャワーが、核を積んだアメリカの海軍艦船は一九六〇年代から日本に寄港してきたことを明言し、日本政府もその事実を認めるべき時、と一九八一年五月に発言したこと）に至る「マスコミ騒動」の本質は理解できなくなるであろう。そこでまずこの「三原則」を検討してみよう。

㈠核をつくらず、㈡持たず——だが、これにアメリカが諸手《もろて》をあげて賛成なことは、この言葉に主語を入れてみれば、誰にも疑問の余地はない——「日本は核をつくらず持たず」。

私にはそんなに数多くの友人が要人や有力者の中にいるわけではないが、それでも、その中にこの「原則一、二」に反対して「日本は自力で核爆弾を開発して保有すべきだ」と言う者は一人もいない。あたりまえである。理由は次の二つを考えればそれで十分だ。

まず第一に、武器とは対外的対抗手段であるとともに対内的支配統制手段である。この世界には対外的対抗手段としては無能力でも、対内的支配統制手段ではある「クーデター専門」軍隊まで存在する。

武力にはすべてこの面があり、この点では「核」も変わりはない。したがって米ソともども、自国の勢力圏内もしくは圏内と考えている国々が核武装することは、絶対に賛成しない。「中ソ蜜月」で「一枚岩」で、中国が「対ソ一辺倒」の「兄弟国」の時代でさえ、ソビエトは中国の核武装には内心では絶対に反対で、この面での援助をしようとはしなかった。当然である。自らの勢力圏内に、自己に対抗し得る武力を持つ国が出現すれば、支配統制の手段を失い、逆に、自らが支配統制されることにもなりかねない。

現在は米ソともども支配統制の「タガのゆるみ」に困惑しているのである。それをさらにゆるめるようなことは絶対に賛成しないと言ってよい。

第二に、「アメリカ人は内心では日本人を信用していない」と言っても、それは「人格的」な意味でなく、「日本人の政治的・外交的・経済的原理原則がわからない」という点で、日本人を信用していない。これも当然である。簡単に言えば「わからないものは信用できない」のである。

簡単な例をあげてみよう。わずか二十数年前に、日本銀行の総裁は「日本に乗用車工業はいらない」と言い、川崎製鉄の新工場建設予定地に「ペンペン草が生えるだけだ」と言った。これは日本がUSスチール（注：アメリカ最大の製鉄会社）を凋落《ちょうらく》させ、ビッグ3を青息吐息にすることなど絶対にないということである。

ではこの日銀総裁は「アメリカをだました」のか、決してそうでない。彼自身が日本人の「政治的・経済的行動原理を知らなかった」だけである。だが、そんなことは他国は信用しない。「日本人が日本人の政治的・経済的行動原理を知らない」などということは、「原理・原則を明確に言葉にして表明する」民族にあり得ないことである。

この「あり得ない」ことが日本に「ある」なら、「ある」という点で日本人の言葉は信頼できないし、それを故意に隠したと思うなら余計に信用しないはずである。

このことから「核問題」を類推してみよう。「アメリカは日本にその経済大国にふさわしい防衛力を要請している。よろしい。では戦術核ぐらいは日本で開発して持つべきであろう。その要請に応じましょう」と言ったらどうなるか。

それが、彼らには理解できない日本の「政治的・経済的原則」によって、二〇年後には現代の車や鉄鋼の如くに急成長し、車や鉄鋼がアメリカを圧倒した如くに、核力で政治的にアメリカを圧倒する事態が出現しないという保証は、過去の経済的な面で見ていく限り、「あり得ない」と彼らが思っても、これは、論理と体験に基づく結論だから、否定の方法はない。「核」をつくるのは一に工業力と技術であり、日本がそれを持つことは十分に証明ずみである。そしてもし同じことが起これば、アメリカが自らの「支配統制圏」と信じている「圏内」における「権力の交替」が政治面でも経済面でも起こってしまう。

それはアメリカにとって「とんでもない」ことであり、「非核三原則の第一原則」を絶対に日本に守らせることは、アメリカの国益と一致するはずである。

リークの政治的効果

この点についてアメリカが最近「やや危惧《きぐ》の念を抱く」という状態になったことはある程度首肯《しゅこう》できる。

たとえば清水幾太郎《しみずいくたろう》氏（注：社会学者）の『日本よ国家たれ――核の選択』だが、この書をアメリカの当局は仔細《しさい》に分析したであろう。事実、私の友人にも読んだ人間は多い。ただその受け取り方は、日本人とアメリカ人では相当に違う。

日本人は伝統的に武力は対内的支配統制の手段だという発想に乏しい。というより「ない」と言ったほうがよい。これは平安朝以来の伝統に由来するであろう。そしてこの点では、日米というより日本と世界の間に、大きなギャップが存在する。したがってアメリカ人がこれを「アメリカ圏における核保有による、アメリカの対内的支配統制権への抵抗」と読み、それによって「日本よ国家たれ！」と主張している一種の「対米・反米的ナショナリズムの表明」と見て危険視しても不思議ではない。

その点でこの論文に内心最も大きな不快感を抱いたのは、ソビエトよりむしろアメリカであろう。これはソビエトの衛星国の中に同じ著作が出たら、最も危険視するのがソビエトであることと同じである。

この場合はアメリカは内心歓迎かもしれぬ。というのはその核はアメリカに脅威を与えるほどのものではあり得ないが、ソビエトの支配統制力をぐらつかせる効果は十分にあるからである。こういう、支配権に対する危険な萌芽《ほうが》は「芽のうちに摘んでしまわねばならない」とする点では、アメリカであれソビエトであれ同じであろう。

言うまでもなくアメリカが、レーガン政権のみならず、常に、日本に「経済力に応分の自衛力」を求めていることは否定できない。と同時に、核武装は「絶対反対」であり、これは日本における「革新的平和勢力」よりも徹底的かつ絶対的である。

核において自動車や鉄鋼的状態を現出するかもしれぬということは、彼らにとって空想するだに慄然《りつぜん》とする悪夢のはずである。

今回のライシャワー発言は、何らかの形でアメリカ政府と連携をとった上での発言だと思ってよい。というのは「元大使に守秘義務がある」ことぐらいは、ライシャワー氏が知らないはずはないし、リークの政治的効果ならヘブル大学のガルヌール氏の、有名な著作（注：『国家秘密と知る権利』）がある。

そして、このリークはまさに「リークの原則」にぴったりなのだが、言論の自由が存在する民主主義国なら、リークの効用を計算しつつ新聞をいかに利用するかぐらいのことは、政治的人間ならずとも心得ているであろう。

さらに日本の新聞記者はリークへの対応を知らないからすぐこれに乗り、うまく利用できるぐらいのことは最近では中学生まで心得ていることが、「(富山県）教育記念館会議・第二回報告書」に載っている。

アメリカ政府はこの発言を実質的には問題視していない。そしてそれに対応して起こった非核三原則再確認のマスコミの大合唱は、アメリカ政府にとっては「してやったり」の歓迎すべき事態である。

そこで、しぶしぶこれを認めるような顔をして、その上で「非核では絶対ゆずらないから他の面の防衛力増加では妥協せざるを得ない」という形に誘導されれば彼らの思う壺《つぼ》である。

では「㈢核を持ちこませず」はどうであろうか。アメリカはもちろん大賛成であろう。日本のように政治的行動の原則が明確でなく、はなはだ世界の常識からはずれ、超法規的処置（注：一九七七年九月に日航の旅客機を日本赤軍と称する過激派がハイジャックしたとき、当時の福田内閣が法律を無視して犯人の言いなりに対応したこと）をとることを〝世論〟が支持する超法規的国家に「原爆を持ちこむ」などという危険をおかす国はなくて当然である。

もちろんこのことは「持ちこみません」と宣言することではない。企図秘匿《きとひとく》・陽動・欺罔《きもう》は戦術の原則である。

アメリカは核弾頭がどこにあるかを決して明確にしないが、これはソビエトであれ英仏・インドであれ同じである。否、核だけでなく、あらゆる軍事力の展開を決して明確にしないのは、いずれの国であれ同じことであろう。もっとも故意にこの原則を破る場合もあるが、それは後述する。

戦後平和の三十余年、日本人が「平和ボケ」したと言われることが、あらゆる点で露呈しているのがこの点であり、これでは「持ちこみ」云々などと言ってもせいぜいリークに振りまわされるだけである。

心理作戦の一環？

いい一例として「岩国の『核』を推理する」（朝日新聞一九八一年五月二三日）を再読して

いただきたい。いくら読んでもその「推理」なるものの結論はさっぱりわからぬ記事だが、一度でも実際に戦場に行って戦争を体験した者なら、すでに何回も国会やマスコミで「核があるのではないか」と論議された場所に「核」を置くような間抜けはいないというのが常識であろう。

もちろん陽動・欺罔で企図を秘匿するのは戦術の原則だから、巧《たく》みにリークして「ない所」に「あるらしい、あるらしい」と言ってくれれば、これくらいありがたいことはない。

私自身、もう三十余年前の太平洋戦争のときの砲兵の観測将校だが、「目標をつかむ」ということがどれくらいの難事かは、拙著の『私の中の日本軍』（文藝春秋）、『一下級将校の見た帝国陸軍』（朝日新聞社）をお読みいただければわかるであろう。

軍事技術という点から見れば、当時ははなはだ幼稚な時代であり、帝国陸軍は特に幼稚だったかもしれぬが、「企図秘匿・陽動・欺罔」の原則はどの時代でも変わりはない。戦争とは相手を「だます」ことの連続なのである。

私のような幼稚な下級将校でも「あすこに日本軍の砲車があるらしい」などと言われているところへわざわざ砲列布置したり、砲弾集積所にしたりするような間抜けはやらない。もっともそこへ木造の擬砲《ぎほう》を置き、さも砲車らしく擬装網をかぶせておいたり、砲弾の集積所らしく見せるぐらいのことは帝国陸軍でもする。

これもリークの効用の一つだが、それに引っかかるほど間抜けな軍事専門家はいるまい。したがって「岩国！　岩国！」のリークは別のことを狙っているのかもしれない。

もちろんこれはお互いさまだ。砲であれミサイルであれ、発射すれば、その弾道を逆にたどれば位置が露呈してしまうことは同じである。これがいちばんおそろしい。戦争は決して「一方的行為」ではないからである。

したがって私はアメリカの高官がある種のタイミングを計って「どこどこに核がある」とか「あった」とかリークする情報はきわめてあやしいと思っている。というのは彼らが内部的に連携していないという証拠はないし、その発言で責任をとらされたという例を聞いていないからである。

私は本当の「核」の位置は、それが発射されて、その弾道を逆にたどる以外には明らかにならないであろうと思っている。もっとも「宣伝用写真」は別である。

目標を完全につかんで発射する場合でさえ、自己の位置を知られることは怖い。そこで、かの幼稚な帝国陸軍でさえ擬砲火を使った。

これは電気仕掛けの花火のようなもので、これを砲車から遠い位置に数十ヵ所仕掛け、砲車との間を電線でつないで、発射と同時にさまざまな地点で「砲火らしき花火」をあげて、真実の位置をくらますための装置である。

そのようにしても必ず発見される。したがって予備陣地をつくっておいて、何発か射ったら移動する。そして移動してもすぐ射撃ができるように予《あらかじ》め諸元《しょげん》（注：武器などの、いろいろな寸法や重さ）を計算しておく。

それが観測将校なるものの任務だが、こんなことは三十余年前でも常識であった。もしアメリカが日本からミサイルを発射しようと思っているなら、その予備陣地はすでに図上に設定され、そこから発射するための諸元は全部算出されているであろう。もしそれがあるならば、それは新聞記者などには絶対にわからぬ「思いもよらぬ」位置である。

これをスクープすれば立派である。というのはもし観測将校が測板と諸元表を盗まれたら、昔なら切腹ものだから——。軍事機密はそう簡単には入手できない。それが軍事の常識である。したがって前記の朝日の記事を読むと、もし記者がまじめでこれを書いているなら「つける薬はない」という以外にない。

「企図秘匿・陽動・欺罔」の原則から言えば「あるらしい」と新聞が報道するような場所には何もない。軍事上のことを取材・報道するなら、原則ぐらいは知っておいたらよい。

ではアメリカの当局が「岩国に核はない」と「完全に信じられる状態にして明言する」ことがあるであろうか。まず「ない」し、あれば何かの意図があると見るべきである。というのは戦場で外国の新聞記者にいかに執拗《しつよう》に砲車と観測所の位置を取材されても、そこに「ある」とも「ない」とも言わないのがあたりまえで、それを正直に明確に語る観測将校はいないからである。

「岩国」が執拗にリークされるのはなぜであろうか。それはわからない。しかし以上の点から見れば、何らかの心理作戦の一環であろう。勘繰《かんぐ》れば、ここにニセモノ――昔の言葉で言えば「擬製弾」――を置いて、それらしく見せかけ、日本人の核への反応の変化を年代別に計測するためかもしれぬ。

いわばどれだけの広範囲に反対運動が起こり、誰がそれを組織し、積極的参加人員は何名かを調べあげれば、相当的確な計測ができるであろう。

さらに、もっと悪く勘繰れば、それを本物と信じて「核ジャック」が起こったときの政府・新聞・一般人の言動から、日本人の政治的行動の原則を知り得るという思惑《おもわく》も秘めているかもしれない。というのはそれが明確にならない限り、たとえ必要と思い、その意志はあっても（これは少々考えにくいが）、危なくって日本には核など持ちこめないからである。

どこまでも不可解な日本の「原理・原則」

というのは超右翼が「日本よ国家たれ！」という幟《のぼり》を掲げて岩国に突入して「核」をジャックし、「政府が軍備大拡張、核武装を声明しかつ実行しない限り『核』はわたさぬ、二四時間以内に返事をせよ」などと言われても、また超左翼が同じことをして「即座に安保を廃棄し、ソビエト軍の平和進駐を要請せよ」と言っても、アメリカはたいへんに困惑する位置に立たせられるからである。

というのはこの際は一応、日本政府に「善処」を要望できるだけである。では一体、日本政府はどうするか。それは彼らには見当がつかない。何しろハイジャックとの話し合いが超法規的に政府を拘束し、既決囚が悠々と国外に出ていくお国だから、核ジャックとの「話し合い」が超法規的・超憲法的・超条約的に政府を拘束しないという保証はどこにもないのである。

そして出てくる新聞世論なるものはせいぜい「持ちこまないと言いながら、核を持ちこんでいたアメリカが悪い」ぐらいのもので、これに対していかに対処すべきかを明確に主張する論説などは、期待すべくもない。この程度のことは少なくとも対日専門家は知っていると断言してよい。

もしこれが起これば、イランの人質事件以上に、アメリカにとっては困った事態である。この点において鈴木善幸首相がバニサドル大統領より有能だと彼らは思っていないであろう。

そして日本政府の対応、新聞の〝世論〟なるものを見きわめた上で、「あれは擬製弾である。アメリカ政府の方針は元来はこれを声明しないことだが、今回は緊急の事態なので特別に声明する」と言えばよい。もちろんその前に、各国とはホットラインで事態の真相は説明しておくであろう。そして日本の国際的威信《いしん》を落とそうとするなら、これはよい方法であろう。

そのときの対応によっては、日本は、イラン以上に国際的信用を失い、完全な孤立に追いこまれる。必要となればそれくらいの謀略は彼らはやるであろう。

もちろん以上は「仮定のお話」である。だがアメリカ人に、日本人の政治的行動の原理・原則がまったくわからず、その故に、この点では日本人を信頼していないことは否定できない。もっともこれはアメリカ人だけではないし、現在にはじまったことでもない。

以下は小室直樹《こむろなおき》氏の談話の中の一節だが、私にも似た経験があるので以下に記そう。氏は六〇年安保のときアメリカにおられたが、アメリカ人はみな革命が起こって日本は引っくり返ったと思ったそうである。というのは、国会は国権の最高機関であり統治権の象徴だが――これは日本も同じはずだが――その国会に〝暴徒〟がなだれこんで占拠したのに、政府も軍隊（自衛隊）も何もせず傍観し、警察も実際にはこれを阻止しなければ、どう見ても革命だからである。

そして他の国のことなら、日本人もこれを自明のこととしている。たとえばクレムリンはソビエトの国権の象徴だが、これに暴徒がなだれこんでも、政府も軍も警察軍もKGB

（注：ソ連国家保安委員会）も黙って見ていたら、これは革命が起こってソビエトは引っくり返ったと見るのが常識だからである。

したがって日本も政治的行動の原則が同じなら、同じことが起こったと見て不思議ではない。ところが日本は何やら不可解な原則が作用してそうならないのである。

私は当時、東京にいたが、あるアメリカ人が「週刊朝日」に載った横山泰三《よこやまたいぞう》氏のマンガを私に見せて、同じように日本は引っくり返ったと心配していた。見せられたのは安保最盛期で、このマンガの主題はハガチー事件ではなかったかと思う。いわば、ハガチー氏（注：大統領新聞係秘書）がヘリで脱出し、アイク（注：アイゼンハワー）訪日を阻止した学生に、東《とう》条英機《じょうひでき》元首相の亡霊が軍服姿で現れ、日章旗を持って「バンザーイ」と言い、学生が「ギョッ」としているマンガである。

私などはこれを見て何となくニヤニヤしたのだが、彼は、「岸は東條の閣僚だったし、政府とデモ隊の首謀者は前に会っているから、一種の共同謀議があって、日本に反米的軍事国家をつくる合意があったのではないか。だから国会が占拠されても政府も軍隊も警察も動かないのではないか」と本気で心配していた。

だが、その後の日本の経済成長への大転換は、彼らには、終戦前後の日本的転換と同様に理解できないのである。こういう原則が不明な国には、日本政府の要請があっても、公然と核を持ちこむことはしないであろう。

何か自分たちにはわからぬ政治的原則が作用して、それがアメリカのほうに向いたら、それこそたいへんである。

艦艇臨検する覚悟不在

言うまでもないが軍事力には抑止力、さらに的確に言えば恫喝力《どうかつりょく》がある。その手段として使う場合は、半ば公然と、また時にはリークでその圧倒的優位を相手に誇示《こじ》する。

確かにある時期までアメリカはさまざまな方法で核戦力をソビエトに誇示していた。その時代なら、日本に公然と核基地をつくって誇示するということも、あり得たかもしれぬ。だが、これはあくまでも圧倒的優位の場合であり、それが失われれば誇示はマイナスにしかならない。

戦前の日本は対英米で圧倒的優位という自信を持ち得なかったから、「大和《やまと》」も「武蔵《むさし》」も極秘《ごくひ》であった。いわば大艦巨砲の時代が続けば、世界最高の戦力を持ち、これに対抗し得る戦艦はアメリカにないと思っても、総合的戦力という面では、誇示して抑止するだけの自信がなかったということであろう。

現在の米ソの戦力は、ともに、誇示・抑止・恫喝の状態ではない。過去の経緯から今なお誇示の状態を続けている施設は、すべて「ヌケガラ」かもしれない。

そしてこういう時代が来ると「企図秘匿」はあらゆる面で徹底してきて、リークはすべて「陽動・欺罔」と見てよい。

ヘブル大学のモルデハイ・アビル教授は、現在の米ソ関係での「最も大きな裏の問題点」はアメリカが超低空ミサイルを技術的に完成して製造に入ったことだと言ったが、地上すれすれに、野を越え山を越えて、地形に対応しつつ侵入してくるミサイルはレーダーで防ぐことができない。

これが本当に配備されれば、過去の防御網はすでに無《な》きに等しく、相手は裸になってしまう。だがその真相は完全に秘匿されており、もしこれを防ぐ装置を開発して全国境をこれで包もうとすれば、ソビエトは破産せざるを得ない。これが「デタント」（注：「緊張緩和」ともいわれた。戦力拡大競争をやめて平和をめざそうという訴え）を要請する一理由だそうである。

こういう時代になると、この基地をつぶすことが最大の要請になる。というのは、これさえあれば、核弾頭は沖合の空母にでも積んでおいて、いざというときにはヘリで運んでも大した問題ではないからである。

となると、「核」「核」とそちらに目を向けさせ、「岩国」「岩国」とリークするのは前述のように「少々クサイ」。今では運搬手段、特にレーダーで捕捉できない「企図秘匿」の運搬手段に、戦力の重点が置かれていると思われるからである。ではこのミサイルは日本にあるのかないのか。それは誰にもわからない。

こうなると「原則㈢――持ちこませず」に「通過させせず」も含ませる内容は、興味深い問題になってくる。

というのは、この状態では実際はこれは「空文」であろう。なぜなら、われわれの鼻先を低空ミサイルが通過してもこれはどうにもできまい。さらに旧式の大陸間弾道弾が日本の上空の宇宙を通過しても、宇宙シャトルがどこかへ核弾頭を運ぶため頭上の宇宙を通過するという事態になっても、これを阻止する手段はない。

同じように核弾頭が領海に入ってまた領海を出ていっても、また入港しても、これまた宇宙同様に方法がない。「通過させず」が世界に宣命した日本の方針なら、これは世界中の艦艇に適用されるべきであろう。そして現在の戦術核は、一五五ミリ砲（昔の日本の十五榴《じゅうごりゅう》）クラスの砲弾にして発射できるという。

これが事実なら――事実らしい――艦艇に積載した砲は原則としてすべて核砲弾を発射でき、すべての艦艇には核砲弾が積載されている可能性がある。

こうなると、日本に友好親善訪問に来る場合でも、米・英・仏・インド・中国等の核保有国のすべての艦艇は、入港を拒否するか、臨検しなければならぬ。だが艦艇を臨検するなら、それ相応の覚悟が必要であろう。

今、ソビエトの艦艇が領海に入ったら、即座に臨検して核の有無を確かめよと主張できる新聞はない。

また親善、乗組員の休養、食糧・燃料・水・日用品等の補給購入のため入港する外国の艦艇の寄港をすべて拒否するか臨検を宣言するなら、それも相当の覚悟が必要であろう。もちろん、そんな覚悟は国会議員にも新聞にもあるまい。ではどうすればよいのか。

一体「同盟騒ぎ」から「ライシャワー発言」に至る新聞の、そしていずれは起こる国会のテンヤワンヤは何を意味するのであろうか。まず新聞を読み、二、三の週刊誌などの評論を読み、最後にかの高名な「天声人語」氏の格調高い一文（朝日新聞一九八一年五月二三日）を読んで、「なるほど」と了解した。

たとえば「とにかく、核を積載した艦船が、日本の領海に入ってくるときに、沖合で核を外すなんてことは考えられないことだから、この際、フィクションを捨てて実態を認めるか、それともこのままフィクションを維持してゆくかで、二通りの反応が出ているのです」（自民党の中堅議員）、「持ちこみ」という日本語は元来は「イントロダクション」の意味で「通過」の意味はないとして「〝持ちこませず〟の解釈に、領海通過や寄港を含むんだと説明したのは三木内閣のときですが、しかし、それは非現実的な言い方です。だいたい、領海通過や寄港を含むといっても、調べようがないのですから……」（内田《うちだ》一臣《かずとみ》氏——注：自衛隊の元海上幕僚長）、「今の海上保安庁の能力で、領海全体を四六時中見張ってるなんて、ドダイ無理な話。検証できない原則を立てること自体が間違っている」（防衛庁関係者）

「通過したり寄港したりするのは、その原則に触れない……そんなことは、世界中の人があたりまえだと思っている。日本の国民だけが通過も寄港もないと思ってるとしたら、そのほうが異常です……数年前のラロック発言（注：ラロック元海軍少将が一九七四年九月にアメリカの上院で、核兵器積載艦船が日本に寄港していることを証言）のとき、ブレジネフの顧問格にあたるソ連の高名な学者と話をしましたが、彼は〝どうして日本では、そんなことが問題になるのか。領土に配備しないというのはわかるが、寄港もさせないとは、どういうことか……〟といぶかってましたよ。それが世界の常識であって、日本だけそんなことがない、と思っている人がいたとしたら、おめでたい限りです」（猪木《いのき》正道《まさみち》氏——注：政治学者——以上「週刊新潮」一九八一年五月二八日号）

——このソビエト高官の発言は少々おもしろい、というのはこの原則を本当に実行するならソビエトも少々困った状態になるからである。

日本ならではの「勧進帳」

私の友人や編集者の意見もだいたい同じで「どこの国の艦艇でも日本の領海に入るときに核を下ろして別の船に積んで領海外に待たしておくことはないだろうね。第一、それをしたかしないかなんて、外国の艦艇じゃ調べようがないだろ」がほぼ一般的な意見。これで見ると日本人の常識は、猪木正道氏の言う「世界の常識」とあまりかけ離れていないようである。

だがしかし、新聞の論調や国会の論戦ともなると、これとまったく別の原則が働いて、別の様相を示すのが日本なのである。いわば「フィクションを捨てて」常識通りにするか「フィクションを維持してゆく」かの中堅議員の言葉通りなのだが、ライシャワー氏の「日本の政府は、事実をもう率直に認めるべき時である」とのご忠告とは裏腹に「核の持ちこみには、港に寄ることや、領海に入ることも含まれており、その点の解釈をめぐって、日米間に誤解はない」と鈴木首相、宮沢官房長官、園田新外相は口をそろえて「フィクション護持」なのである。

したがって、新聞・国会を問わず、あらゆる問答は「勧進帳《かんじんちょう》」になる。日本では国会座で常に「勧進帳」が演じられていることは『にっぽんの商人』(文藝春秋)に指摘されているが、この指摘を今回の論争にあてはめてみるとおもしろい。

この劇は、観客も富樫《とがし》も弁慶もすべて、そこにいるのが「隠し義経《よしつね》」だと知っていなければ成り立たない。いわば全員が「嘘《うそ》の世界」にいるのだから、もし誰かが本当のことを口にすれば、すなわち「富樫さんよ。あなたはこの男が隠し義経だと知っているじゃないか」とひとこと言えば、この劇は成り立たない。そしてこの虚構のやりとりの中にある種の真実を見出して、みな感動するわけである。

ただすべてが荘重で格調が高くないといけない。こういう劇は外国にあるであろうか。少なくとも私の知る限りでは「政治劇」——に入るであろう——にはない。

この劇は、「弁慶艦」が「隠し核義経」を積んで、「領海安宅《あたか》の関」を通過する所である。もちろん彼は、この核義経の加賀の国への「持ちこみ《イントロダクション》」を計っているわけでなく、通過できればよいのだから、行ってしまえば加賀の国には関係ない。しかし「非核義経三原則」で通過さすわけにいかない。だが、内心では通過を認めざるを得ないという心情にある。

その心情を弁慶艦は察知しており、そこで「勧進帳」の名演技が行われるが、ライシャワー氏のような観客がいて「あなたはそこにいるのが『隠し核義経』だと、もう率直に認めるべきだ」などと言うと、善幸丈《じょう》以下すっかり台詞《せりふ》をとちってしまう。そこで次のような劇評が出る。

「鈴木総理は『なんせライシャワーさんは古い人だから』なんてワケのわからないことを言

うばかりで、『寄港だけなら非核三原則に反しない』と、核の持ち込みを肯定するかのような発言もありました。それでも、ただちに調査を命じるといっていた。ところが宮沢官房長官になると、一私人の発言だ。口頭であろうと、日本政府がないといっているのだから、改めて米政府に問い合せる必要はない、という態度。『寄港でも三原則に抵触する』といってみたり、まったくチグハグな混乱ぶりでした」（「週刊文春」一九八一年五月二八日号）

となると、こういう状態でプロンプターなしで、何でも遠慮なく質問する気心の知れぬ外人観客の前に出るのは危険であろう。

そこで「首相の失言をいちいちあげつらうつもりはないが、少なくとも非核三原則の核のカサといった大切な問題についてハイとイイエのけじめがなくては困る。『米国の核のカサがほしくないのか』という米人記者の質問に対して首相はむしろこう答えるべきではなかったか」と記して、朝日の「天声人語丈」は、模範「勧進帳」を次のように記している。読者はこの中に、前記の質問に対する明確な「ハイ（イエス）」「イイエ（ノー）」があるかないか、探しながら読んでいただきたい。

▼「それでは反問します。日本は核のカサなんかほしくない、閉じてくれとアメリカに要請したら、ではといってアメリカはカサを閉じるでしょうか。核のカサというものはもともとは核保有国の利益のために、国際政治の均衡上存在している、というのがわれわれの認識

であります」▼「カサをさしのべてやってるんだ、ということをきけ、というのは核のカサをカサに着た威圧、カサにかかったおごりであります。鋭敏なる諸氏は一九六八年六月の安保理決議をご記憶でしょう」▼「あの決議は非核保有国に対する核攻撃を防ぎ、対処することを核保有国に義務づけたものであります。核保有国が非核保有国の安全を保障するのは義務であって決して恩恵ではないのであります」▼「現実の問題として、日本の安全保障にとって、非核三原則は有効かつ必要であります……」▼「さらにいえば、日本人には核兵器に対する激しく根強い拒否感があります……」▼「核兵器を保有しうる力を持ちながらあえて拒否する道を選んでいることをわれわれは誇りとするものであります……」

「……」で省略した部分は「非核三原則」への心情吐露のようなもので、「米国の核のカサがほしくないのか」という質問には無関係だから除く。もっとも無関係なことをさも関係ありそうにだらだらと、かつもったいぶって言うことも「勧進帳」の効力の一つだから、これが全体の半分を占めている全文の印象を的確に知りたい方は朝日新聞（一九八一年五月二二日）を再読いただきたい。

言うまでもなく相手は外国人、そしておそらく質問者はアメリカ人であろう。質問は「（日本は）米国の核のカサが（ほしいのか）ほしくないのか」であり、この答えは「イエス（ほしい）」か「ノー（ほしくない）」のいずれかであり、それだけ返事すればよいのである。

「天声人語丈」は「ハイ（イエス）とイイエ（ノー）のけじめがなくては困る」と言いながら、この問いに対して「ハイ」とも「イイエ」とも言っていない。これは日本人には通用してもアメリカ人には通用しない。気の早いアメリカ人なら「それでは反問します……」と言った途端に、「私は反問を求めているのではない、私の問いへの、イエス（いる）、ノー（いらない）を求めているのだ」と言うであろう。

そしてこれより礼儀正しい男なら、この「人語勧進帳」が終わったところで、「あなたの言っていることは、私の問いへの返事にならない。私の問いに対して、イエスなのかノーなのかお答え願いたい」と言うであろう。相手がたずねているのは「日本の意志」なのである。

これに対して弁慶人語丈はまた別の「勧進帳」を読みあげ、あらゆる言句を連ねて、「イエス・ノー」を明言することを避けるであろう。確かに鈴木弁慶の演技は稚拙で人語丈の演技は立派、思わず「朝日屋あー」の一声もかけたいほどだが、しかし「イエス・ノー」を明言していない点では同じである。

では「米国の核のカサが（ほしいのか）ほしくないのか」の問いに対して「天声人語」氏は、「イエス（ほしい）」「ノー（ほしくない）」のいずれを、それとなく口にしているのであろうか。「勧進帳方式」とは「虚構もしくは仮定の応酬の中にお互いの真意を見出して暗黙の了解に達する方式」とするなら、この中にも「イエス（ほしい）」か「ノー（いらない）」

のいずれかが隠されているはずである。

これをどうやって判定するか。それは簡単なのである。その冒頭に「イエス」をつければ文意が通り、「ノー」をつければ文意が通らない場合は「イエス」、その逆なら「ノー」なのである。人語勧進帳の冒頭に「ノー（いらない）」とつけたらその文意はまったく通らない。しかし「それでは反問します」を「イエス。ただし、それは次の見解に基づきます。第一、日本は核のカサなんかほしくない……」と続ければ、そのまま文意が通るのである。

「文化的宿命」の一面も

私は決して「勧進帳方式」が悪いと言っているのではない。これこそ歌舞伎十八番の一つ。三世並木五瓶《なみきごへい》の名作だが、なにせ初演が天保一一年（一八四〇年）の鎖国時代、さらに能楽「安宅《あたか》」の改作だからその歴史はさらに古い。そしてこれが今に至るまで演じつづけられているのは、われわれの精神構造と行動様式にぴたりと即応しているからで、このような伝達方法もまた文化なのである。

しかし鎖国時代の劇が外交上の問題処理に役立つわけはないし、この文化を持たない民族には「イエス・ノー」を言わずにそれを表現するという「美学」が理解されなくても致し方はない。

したがって今までの日本は、外国との折衝《せっしょう》は外国式にやり、それが国内で波紋を生じた場合は「勧進帳方式」で収拾するという方法をとらざるを得なかった。

明治来、歴代の内閣はこれで苦慮し、鈴木内閣とてその例外でなく、まるで対外交渉の「模範例」のように提示された「天声人語」でさえ、さらに立派で荘重な「勧進帳」にすぎないのである。そしてこの方式でラロック発言を故大平正芳《おおひらまさよし》首相がいかにうまく収拾したかは、ライシャワー氏が指摘している。

この方式は「文化的宿命」という一面を確かに持つ。そして歴代内閣の苦慮はそれが仕事なのだから、故大平首相のように処理すればそれでよい。しかし、この方式では、「実のある外交論議」が成り立たないことも事実なのである。

したがって、この方策にどのような弱点があるかを把握《はあく》して、新しい方法を模索すべきであって、さらに立派な勧進帳を示しても意味はない。そしてこれが、ライシャワー発言がわれわれに提示した問題のはずである。

外国理解を阻むもの

西洋中心主義批判への反論

毎日新聞（一九八四年九月三日）の「水位計」というコラムに（C）という署名で「日本人の居丈高《いたけだか》な西洋批判」という一文がある。まことに時宜《じぎ》を得た批判なので少し引用させていただく。

「言論や出版の世界で西洋中心主義批判が活発である。とくに近代科学やクラシック音楽への風当たりが強く、西洋文化が普遍的、一般的であるかに幅をきかせてきた傾向を問題視して、西洋文化の特殊性を強調する議論が目立つ……。西洋の特質としてよく指摘されるのは、西洋思想における人間と自然の関係である。中村禎里《なかむらていり》著『日本人の動物観』（海鳴社）に興味深い分析があるが、日本では人間と他の動物との関係は対等で連続的である。他方、西洋では『創世記』以来、人間は自然の中で別格の存在として他の動物の上に置かれている。しかし、西洋文化で基調をなすと目《もく》されるこの人間観が支配しているにもかかわらず、それと対立し、人間も動物一般と同様、進化の過程の産物であるとする進化論が西洋の内部から生み出された。西洋文化は単に西洋的なものの単線的形成、維持でなく、こうした熾烈《しれつ》な内的葛藤《かっとう》をも経てきた……。単純で一面的な批判を排し、見るべきものを見る姿勢は欠かせない」

大きすぎる「称揚と否定」の振幅

この姿勢は他の文化を見るとき、すべてに通ずると思うが、同時に異文化に接するとき、この「単線的・一面的な見方」をする段階があり、それをあらゆる方法で克服しなければならぬことも事実であろう。

「日本人は犬を虐待《ぎゃくたい》する」と言われていたころ、日本をある程度知っているはずのアメリカ人（イギリス系）から、次のように言われ、驚いて飛びあがりそうになったことがある。

「あれは日本人が動物を『罪人』と見ているからでしょうね」

私は、しばし無言だったが、少し落ち着いてから、そう考える理由を聞いてみた。そしてやっとわかったことは、相手は何かで「六道輪廻《ろくどうりんね》」を知り、「天・人《にん》・阿《あ》修羅《しゅら》・畜生《ちくしょう》・餓《が》鬼《き》・地獄」が、因果によって転生するということを、彼なりに理解した結果であった。

いわばこの思想をキリスト教的世界観と短絡させ、「単線的・一面的な見方」をすると、われ「罪を犯した者は罰として動物に転生する。したがって動物とは罪人である」という、われわれにとって、思いもよらぬ見方になってしまう。

さらにそのうえ、彼が「よき羊飼いは羊のために命を捨てる」というイエスの比喩《ひゆ》を持ち出してこれと対比してくると、少々うんざりする。

だがここで、私がどう反論し説明したかを記す気はない。問題は同じことを、政治・経済・宗教等で、われわれもやっていないだろうか、ということ。

さらにいわゆる「世論」における「称揚と否定」の振幅が常に大きすぎるのではないか、と思われることである。

おそらくこれは、ある現象を自己の世界に短絡させ「直線的・一面的」に見る結果だと思われる。

自己の内なる「心理的要因」がぶれを生む

この「称揚面」だけが見える、「否定面」だけが見えるという現象は、日本人であれ外国人であれ、相手にあるよりも、むしろ自己の内にある「心理的要因」に基づくのであろう。

そしてその「直線的・一面的」見方の正当化を、相手の正典や経典の中の、ある部分、時には片言隻句《へんげんせっく》の引用で行おうとする。イギリス系アメリカ人の「六道輪廻」論と同じように「ヨーロッパ人は労働を神の罰と考えている（したがって勤勉ではない）」という考え方が日本にある。

だが集団力学研究所（注：三隅二不二《みすみじゅうじ》氏らの「心の科学」研究グループ）の日米労働意識調査の勤労意識の総合的評価（注：「トランスポート」一九八四年三月号に発表）では、日本が5・8、米国が5・6で有意差はほとんどない（この数字の出し方は省略する）。

もちろん、意識の内容まで立ち入れば、当然にさまざまな差異はあるが、旧約聖書そのものでさえ、前記のような片言隻句で片づけるわけにはいかない。

『箴言《しんげん》』（注：旧約聖書の中の一書）や第二正典（注：旧約聖書の中でカトリックでは正典とするがプロテスタントでは正典とせず外典や偽典として扱われている書物）の「ベン・シラの知恵」の勤労観を見れば、明らかであろう。いずれも「単線的・一面的」には捉え得ないのである。

排他的日本人にならないために

ユダヤ民族の国際感覚

折にふれて、ユダヤ資本、ユダヤ商法などという言い方がされるが、そうしたものが、経済がシステマティックになり、かつ大衆化した現代にあって、なおかつ存在するのかどうか、私は疑問である。確かに、かつては、そうしたものが存在したであろうが、それも、ユダヤ人すべてにあてはまるわけではない。

ひと口にユダヤ人と言ってもスペイン・ポルトガル系、ポーランド系、ドイツ系……と、多様であり、その住む国も、地球全体といっていいほどに広がっている。さらには個人的にも違う。こうした違いをいっしょくたにして、〝ユダヤ的〟と言い切ってしまうのは、それこそ、国際化時代にふさわしくない、非合理な態度と言えるのではないだろうか。

現在（一九八八年）、ユダヤ人の総人口は、一四〇〇万人、そのうち約六〇〇万人がアメリカ、三〇〇万人がイスラエルに、同じく三〇〇万人がソ連に、そしてフランス、イギリス、カナダ、アルゼンチンに数十万人単位、残り数十万人から数万人単位で、世界の各国に分散して住んでいる。

このように全世界に住み、すぐれた国際感覚で生き抜いているユダヤ人であるが、そうした国際感覚も、言ってみれば彼らの背負わされた、悲劇的といっていい民族的体験の結果なのである。

ご存じのように、ユダヤ民族は、バビロンの虜囚《りょしゅう》以来、流浪《るろう》の民となった。流浪の民となったユダヤ人は、どの国に行っても、居住地域を制限され、土地を持つことは、さらに許されず、農業を営むことも許されなかった。ユダヤ教徒を農奴として、使うことさえ許されなかったからだ。

農業ばかりでなく、職能的な仕事にも就《つ》くことは許されなかった。ということは、ギルドに入ることも、もちろんないわけである。唯一許されたのが、商業である。といっても、キリスト教徒が手をつけない、ごく末端のものに限られていた。そんな巾で、彼らがやれることは、行商人であった。

また、現在、世界的に知られているユダヤ系の財閥には、金融業から出発したものが多いが、これも、それまで僧院がやっていた高利貸し業が禁止されたため、ユダヤ人にまわってきたからである。加えて、ダイヤモンド研磨《けんま》業にユダヤ人が多いのも、この職業には、ギルドがなかったからだ。

差別、迫害の中で得た知恵

こうして許された範囲で、商才を発揮したユダヤ人は、領土奪取の戦争を繰り返し、戦費対策に追われるヨーロッパの各宮廷にとっては、便利な存在であった。

戦費調達、商業利益を得るために、ユダヤ人資本家たちは、財政専門家として迎えられた。彼らはそうやって専門家として相談を受ける一方、あらゆる困難な仕事を割りあてられた。戦争中は、軍事費の援助と調達には、なくてはならない存在となり、武器装備を整え、傭《よう》兵《へい》を用意し、戦費をつくり出した。そして、平和なときは、国家の財政長官であった。割りあてられた基金をもとに、どのようにして公債を募集するか、新しい企業のための原材料を調達するか、工場を設立するか――等々に腐心した。といっても、全体的なユダヤ人の、苛《か》酷《こく》な、迫害的な状況が変わったわけではない。

ヨーロッパのユダヤ人は、こうした迫害状況から逃れて、アメリカ移民となっていった。いちばん早く移民してきたのは、スペイン、ポルトガルからやってきたユダヤ人で、彼らは、たゆまぬ努力で、しだいに経済的実力を蓄え、タバコや砂糖の輸出業者として、また、その他の企業家として成功した。

一八二〇年ごろから一八七〇年ごろまでに移ってきたドイツ系ユダヤ人たちは、綿花、銀鉱、金鉱、鉄道、金融業、流通業、さらには、新聞・報道の分野にも進出し、成功をおさめている。

マックス・I・ディモント（注：『ユダヤ人──神と歴史のはざまで』などを著したユダヤ史学者）が「現代アメリカの、大きなデパートの多くは、早期のユダヤ行商人たちの独創の才によって成長したものである」と述べているように、流通業でも成功している。

そして、また医師、弁護士、教師などの知的職業についているユダヤ人も多い。現在、アメリカのユダヤ人弁護士は、一四万人。ユダヤ系法律事務所は、二万二〇〇〇に達するといわれている。そして、アメリカ合衆国最高裁判事にまで昇りつめたユダヤ人もいる。

ユダヤ人は、商売上手なばかりではなく、知的水準も高いのである。

これは、長い迫害状況下にあっても、民族的伝統として教育には熱心で、厳格な子弟教育を怠《おこた》らなかった結果である。

なぜ、私が、ここですでによく知られているユダヤ民族の歴史などに、紙数を費やしてきたかというと、一般にユダヤ的と言われることが、こうした彼らのたどってきた歴史を抜きにしては語れないからなのだ。

ビジネス感覚にすぐれているとしたら、それは、とりもなおさず、流浪の民として、さまざまな差別、迫害の中で生き抜く間に身についた民族的な知恵であろうし、国際感覚に富んでいるとしたら、流浪の民として、放浪し、迫害され、他国から他国へと、逃げまわる中でも、しっかりと民族的アイデンティティを失わずに、生き抜いた結果であると言える。

言ってみれば、ユダヤ人には、約束の地パレスチナを追われて以来、国も国境もないところで生き抜いてきた――つまり国際社会の中にいたのだから、国際感覚といまさら言うことのほうが、おかしいくらいだ。

常に異文化の中で暮らし、問題に囲まれていた民族が国際感覚にすぐれているのは、あたりまえである。そうでなければ、民族のアイデンティティを守って生き抜くことは、できなかったのだ。

ロスチャイルドの情報操作

また、ユダヤ人は、情報操作、情報収集にすぐれている、ともいわれる。

これも、いままで述べてきたことを考えれば、当然のことと理解できる。

情報操作ということでは、よく知られている話がある。

イギリス最大の金持ちであり、世界的な財閥として知られるイギリス系ロスチャイルド家の祖、ネイサン・メイアー・ロスチャイルド（注：ロスチャイルド家の始祖マイアー・アムシェルの三男）は、ドイツ系のユダヤ人であるが、彼は父の金融業を引き継いで一七九八年にイギリスに渡り、ロンドンに支店を開いた。その彼がロスチャイルド財閥の基礎をつくるきっかけとなったのは、ナポレオンが敗れたワーテルローの戦いに関し、情報操作をした結果だ。ロンドンで、英軍敗退の逆情報を流したのである。驚いたイギリス人たちは、慌《あわ》てて株を売りに出た。そして暴落した株をロスチャイルドは、買い占め、巨大な利益を得たのである。

このときの利益で、一八二四年に保険業をはじめ、ついでフランスとオーストリアに鉄道を建設し――と、着々と事業を伸ばし世界各地に金融業を拡大していったことは、よく知られている。

この逆情報を流すにあたっては、同胞を使った私設機関が活躍している。これも、全世界に住むユダヤ人という、ネットワークを使えばこそ、成功したものといえよう。

もちろん、情報収集にはネットワークだけあっても仕様がない。問題意識がなくては、情報は集まってこないからだ。そして、集まった情報をフルに使うには、すぐれた先見力、分析力がなくてはならないことは言うまでもないことだが、これらも、ユダヤ人は先に述べた民族としての悲劇的な歴史の中で身につけていた。

何より契約を重んじる

だから、ユダヤ的ビジネス、ユダヤ商法から学べということになると、結局は、ユダヤ人と同様の民族的経験をするのがいちばんということになるが、それは荒唐無稽《こうとうむけい》、できない相談である。となると、何を学べばいいのか——。

長年、ユダヤについて研究し、ユダヤ人の友人も多い私であるが、ユダヤ人とビジネスで関係を持ったことはない。そうした私が、ユダヤ人の共通した傾向として見ていることは（もちろん、個人による性格の違いがある、ということを忘れてはならないが）、彼らは契約ということを、たいへんに重んじる、ということだ。

たとえば、イスラエルに行くために、旅行代理店と契約すると、日本の旅行代理店がヘキエキとするほど、こと細かな内容を確認して、契約書を交わす。金額や保険に関してばかりではない。○時○分、ホテル出発、○時○分、Aに到着、その走行距離は○キロメートル、Aを三○分見物したのち、○時○分にAを出発……という具合に、微《び》に入り細《さい》にわたって、こと細かに契約書に書きこまれている。

そして、これら契約内容に反したときは、その違反の内容によって、どのような賠償をするか、また、相手に賠償を請求するかが、これまた、こと細かに記入されている。

この契約の段階で、日本のエージェントの多くは、その余りの緻密《ちみつ》さに、融通《ゆうずう》のきかなさにネをあげる。

そして、ユダヤ人相手の仕事は〝やりにくい〟という感想を洩《も》らすことになる。

が、これはビジネスとしては、たいへん、やりやすいことなのだ。

お互いに、一項目ずつつめて、双方納得して契約したことは、必ずユダヤ人は守る。そして、契約書に書かれていることで、守らなかったことに対しては、潔《いさぎよ》く、契約書に記入された通りの賠償をする――こんな合理的なことはない。

ユダヤ人は、とくに契約を重んじる民族であるが、アメリカやヨーロッパでも、契約ということは、ビジネスばかりでなく日常生活の中でも、重んじる。

こうした契約ということで、もっともいい例が、家を借りるときのことではないだろうか。日本人は、間取り等の条件が合えば、家賃、それを納める時期、更新の時期、敷金、権利金などを確認するだけで、契約書にサインをしてしまう。ところが、ユダヤ人はもちろん、アメリカ人、ヨーロッパ人は違う。

家を一部屋ずつきちんと点検し、契約書に記入されている瑕疵《かし》の有無、程度を、契約書に書かれている通りか、どうかを確認し、違えば書き直させる。また、新たに瑕疵を見つければ、それを契約書に書きこませる。

そして、住んでいる間に、なんらかの故障が起きた場合は、その費用の支払いは、どのように、どちらが負担するかまでも確認する。

以上は、ユダヤ人に限ったことではないが、ユダヤ人が契約を、いかに重んずるかについては、ケトウバーと言われる結婚契約書の例をあげることができる。

彼らの結婚は、このケトウバーがなくては、正式のものとみなされないほど、重要なものであるが、ここには、結納の額、婚姻費用の出し方等、結婚ということにかかわる、また、そこから派生してくる、あらゆることが、こと細かに記入されるのだが、離婚についても、同様細かい契約が交わされるのである。

結婚式には、切れる、別れるなどという言葉すら、縁起《えんぎ》が悪いとして避ける日本人には、ちょっと理解しがたいことであるが、離婚に際しては、財産をどのようにするか等が、書かれているのである。

これは、売買婚時代の名残りという面もあるが、はじめるときに、事後に起こるかもしれないあらゆることを想定して、ことを決めておくという、契約重視の考えである。

西欧社会で生き抜くには

こうしたユダヤ人の契約重視は、ユダヤ教が、神と人との契約の宗教である、ということが大きい。

旧約聖書の『出エジプト記』には、「汝《なんじ》らは、エジプト人《びと》にわが為《な》したるところの事《こと》を見、わが鷲《わし》の翼《つばさ》をのべて、汝らを負いてわれに到らしめしを見たり。されば、汝らもし、よくわが言葉を聴《き》き、わが契約を守らば、汝らは、諸々《もろもろ》の民にまさりて、わが宝となるべし。全地はわがものなればなり。汝らは、我《われ》に対して祭司の国となり、聖《きよ》き民となるべし」（一九章四〜六節）

「モーゼ、時にその血の半ばをとりて鉢《はち》に盛《い》れ、また、その血の半ばを壇の上に灌《そそ》げり。しかして、契約の書《ふみ》をとりて、民に誦《よ》みきかせたるに、彼ら応《こた》えていう。ヤーヴェの宣《のたま》うところはみな、われらこれを為してしたがうべし、と。モーゼ即《すなわ》ち、その血をとりて、民に灌ぎていう。これ、即ち、ヤーヴェがこのすべての言葉につきて、汝と結び給《たま》える契約の血なり、と」（二四章六〜八節）

ここにも見るように、旧約聖書には常に〝〜したならば、〜する〟という、神と人の契約が記されている。

ユダヤ人にとって、こうした契約は、絶対的なもの、不可侵なものなのである。それは、ビジネスにおいても同様で、契約とは、彼らにとっては法律なのである。

もちろん、こうした契約＝法律という考えは、流浪の民として、迫害を受け続けた少数民族である自分たちが、西欧社会の中で生き抜いていくためには、契約以外に頼るものがなかったという、これまた、民族的な歴史の結果、出てきたものであることも確かだ。

が、日本人は、契約ということに慣れていない。日常生活の中で、契約書を交わす、ということは、ほとんどない。

保険等に加入する際にも、そこに細かい字で書かれている約款《やっかん》を、一つ一つ確認する人間は、珍しいくらいだろう。

こうした、日本人とユダヤ人さらにヨーロッパ人やアメリカ人との違いは、文化的な違いによるものだが、国際社会でビジネスをしていくうえでは、日本人が、ぜひとも学ぶべきことだと思う。

そして、もう一つつけ加えるならば、民族や国にこだわらず、いちばん優秀な人間を雇う、という柔軟かつ合理的な考え方であろう。

ユダヤ人に医師が多い、と先に述べたが、これは王の侍医《じい》として、ユダヤ人が用いられたという中世以来の伝統なのだが、これは、いかに差別的処遇をされているユダヤ人であっても、王の健康、生命にかかわる、となれば、優秀な医者であれば、ユダヤ人だからといってしりぞけてはいられなかった。

こうした柔軟さがヨーロッパにもいささか残っていたからこそ、ユダヤ人は、活躍する場を得ることができ、よくいわれるような、ユダヤ商法で、富を築くこともできたわけである。

これは、ユダヤ人から学ぶということとは、少しズレるが、国際化社会にあっては、とかく排他性を指摘される日本人に必要な心がけではないか、と思ってつけ足す次第である。

生き残るための情報判断

「世界一」がなめた苦杯

『サバイバル・ファクター――イスラエル生き残り情報戦史』という本が出た（注：滝川義人訳・サンケイ出版）。これは世界一の情報機関といわれるモサドの歴史だが、企業と情報という点でも、まことに示唆に富む本と言えよう。

この「世界一」も思わぬ苦杯をなめる結果になったことがある。それはヨム・キップル戦争（第四次中東戦争）のときであった。これは彼ら、すなわちモサドというよりも、情報に的確な判断を下さなかった上層部の責任なのだが、なぜこういう状態を現出したかを、本書は次のように記している。

「あと知恵は何とやらというが、アラブの意図の読み違いは、一九六七年以降のイスラエルの態度を見ないと理解できない。情報が自分の予想する方向と違う方を指し示しているとき、人間は往々にして自分の好む方に情報を取捨したりあるいは判断したりする。歴史上の人物で、自分の情報部員の言うことを信じようとしなかった者は、いくらもいる」

そしてこうした状態になると、世界一優秀と言われる情報機関を持っていても、宝の持ち腐れなのである。

イスラエルはこの苦い教訓を味わうことによって、その情報能力は以前に倍加し、その成果は以後に生かされることになったものの、その犠牲もまた大きかったことは否定できない。

そして私は、出版界での三〇年の経験で、上記の言葉はそのまま企業にもあてはまるのではないかと思った。事実この三〇年に、実に多くの出版社が倒産した。もちろん、新社として再生したもの、縮小して再出発したものもあるが、いずれも払った犠牲は大きかった。

その中には、かつては超一流であった改造社、弘文堂、日本評論社、河出書房なども入っている。そしてそのつまずきは、常に、「自分の好むほうに情報を取捨したりあるいは判断したりする」ことによって起こったと言っても過言ではない。

白紙で臨む

現代は変革の時代である。人間には誰でも、それをやって来たがゆえに成功して現在の地位に至ったという経験則がある。そして変革なき時代はだいたいにおいてこの経験則通りにやっていれば大きな失敗はない。

だが、このことは、経験則に基づく「自分の予想する方向」をしばしば絶対化してしまう。

そうなると情報が「違うほうを指し示して」いても、それを自分の予想する方向に曲げてしまうのである。

早くそれに気づいて方向を変えた者は小さな犠牲で立ち直れるが、そうでないと再起不能の倒産まで行ってしまう。そしてこれが起こるのはだいたい変革の時代なのである。

われわれは常に、情報に白紙で臨《のぞ》むことを忘れてはならないであろう。そして不審なことは徹底的に追究することが、これからは必要不可欠であると思われる。

●初出一覧

はじめに

無計画性とカンバン方式——「月刊・自由民主」一九八六年五月号

第一章

海面に引かれる「国境」——「現代」一九七七年七月号

議論と科学は無関係——日刊水産経済新聞一九八四年九月二七日

歴史的に潜在している中国反発感情——「文藝春秋」一九七四年三月号（イザヤ・ベンダサン名で執筆）

「領土」問題というアキレス腱——「文藝春秋」一九七七年六月号

外交に対する日本人の錯覚——「速報先見経済」一九八〇年二月第四月曜号

海外では通用しなかった実力者の言い分——毎日新聞一九七六年八月一五日朝刊

「条約の文言」への無関心さ、無神経さ——「50億」一九八一年八月号

海上秩序の傘——「日経ビジネス」一九七九年一二月三日号

非核三原則という教義——「諸君！」一九八一年八月号

第二章

日韓問題はここから——「日経ビジネス」一九八六年一〇月二〇日号

『看羊録』の日本——拓殖大学講義録「世界の中の日本」VI 一九八七年六月三〇日刊（一九八六年七月九日の講義）

『両国壬辰実記』が示す日韓の誤解——拓殖大学講義録「世界の中の日本」VI 一九八七年六月三〇日刊（一九八七年一月二一日の講義）

価値観の違いが引く国境線——「月刊・自由民主」一九八六年七月号

第三章
「対米愛憎両端感情」の克服――「日経ビジネス」一九八〇年一月二八日号
「底流的反米感情」の実体――「日経ビジネス」一九八三年九月一九日号
「たいへんだ！」騒動の真相――「日経ビジネス」一九八四年四月三〇日号
「アメリカ思想」の内幕――「月刊・自由民主」一九七八年三月号
宗教支配下のアメリカ――「月刊・自由民主」一九七八年五月号
日本の対米戦略考――「Voice」一九八八年三月号
普遍的原理の押しつけは迷惑――「月刊・自由民主」一九七九年五月号

第四章
戦争の原因は何か――「月刊・自由民主」一九八二年九月号
「欧米と同じ」論を戒める――「50億」一九八一年四月号
「エンニウスの道」を歩け――サンケイ新聞一九七三年六月二〇日朝刊
対外折衝と勧進帳方式――「文藝春秋」一九八一年七月号
外国理解を阻むもの――「日経ビジネス」一九八四年九月二四日号
排他的日本人にならないために――「BUSINESS《ビジネス》インテリジェンス」一九八八年一二月号
生き残るための情報判断――「ザ・イーグル」一九八三年三月号

本書は右記の初出一覧を再構成し、句読点を加える、注（注：＊＊）をつける等の新編集をしています。また本書には、今日の人権擁護の見地に照らして、不当、不適切と思われる表現がありますが、本書の性質や作品発表時の時代背景に鑑み一部を改めるにとどめました。（編集部）

著者略歴

一九二一年、東京都に生まれる。一九四二年、青山学院高等商業学部を卒業。野砲少尉としてマニラで戦い、捕虜となる。戦後、山本書店を創設し、聖書学関係の出版に携わる。一九七〇年、イザヤ・ベンダサン名で出版した『日本人とユダヤ人』が三〇〇万部のベストセラーに。以後、「日本人論」で社会に大きな影響を与えてきた。その日本文化と社会を分析する独自の論考は「山本学」と称される。評論家。山本書店店主。一九九一年、逝去。

著書には『私の中の日本軍』『「空気」の研究』（以上、文藝春秋）、『日本はなぜ敗れるのか』（角川書店）、『帝王学』（日本経済新聞社）、『日本人とは何か。』『昭和天皇の研究』（以上、祥伝社）、『なぜ日本は変われないのか』『日本人には何が欠けているのか』『日本教は日本を救えるか』『「知恵」の発見』（以上、さくら舎）などがある。

日本《にほん》はなぜ外交《がいこう》で負《ま》けるのか
——日米中露韓《にちべいちゅうろかん》の国境《こっきょう》と海境《かいきょう》

二〇一四年七月一一日　第一刷発行

著者　山本七平《やまもとしちへい》

発行者　古屋信吾

発行所　株式会社さくら舎　http://www.sakurasha.com
東京都千代田区富士見一-二-一一　〒一〇二-〇〇七一
電話　営業　〇三-五二一一-六五三三　FAX　〇三-五二一一-六四八一
　　　編集　〇三-五二一一-六四八〇
振替　〇〇一九〇-八-四〇二〇六〇

装丁　石間　淳

編集協力　山田尚道・渡部陽司・柴田瞭（以上「山本七平先生を囲む会」）

印刷・製本　中央精版印刷株式会社

ISBN978-4-906732-82-1